# 定投十年财务自由

银行螺丝钉_著

中信出版集团 | 北京

**图书在版编目（CIP）数据**

定投十年财务自由 / 银行螺丝钉著 . -- 北京：中信出版社，2019.10（2026.1重印）
ISBN 978-7-5217-0997-1

Ⅰ . ①定…　Ⅱ . ①银…　Ⅲ . ①基金—投资—基本知识
Ⅳ . ① F830.59

中国版本图书馆 CIP 数据核字（2019）第 197233 号

**定投十年财务自由**

著　　者：银行螺丝钉
出版发行：中信出版集团股份有限公司
（北京市朝阳区东三环北路27号嘉铭中心　邮编　100020）
承 印 者：北京通州皇家印刷厂

开　　本：787mm × 1092mm　1/16　　印　　张：19.25　　字　　数：259 千字
版　　次：2019 年 10 月第 1 版　　印　　次：2026 年 1 月第 25 次印刷
书　　号：ISBN 978-7-5217-0997-1
定　　价：59.00 元


服务热线：400-600-8099
投稿邮箱：author@citicpub.com

## 序言

A 股有很多不错的股票基金品种，长期能给投资者提供比较高的回报。不过 A 股也存在一个奇怪的现象：大部分投资者投资股票基金的时候，很难赚到钱。很多老股民说 A 股“七亏二平一赚”，还是很有道理的。

一个很重要的原因，就是绝大部分投资者是在 A 股 4 000 点以上，看到身边的亲戚朋友都赚钱了，才开始买股票基金的。

我们身边的亲戚朋友什么时候讨论股票最多呢？往往是在牛市最火热的阶段。他们的股票账户是什么时候开通的呢？很多人是在 2007 年牛市和 2015 年牛市时开通的。

许多投资者不知道股票品种的风险，涨得越多，买得越多。他们在牛市高位投入全部资金，之后市场下跌，收益自然不理想。这也是过去十几年，A 股股票基金投资者不怎么赚钱的主要原因。

但有一种方式，可以改变投资者投资股票基金不赚钱的情况。

那就是定投。

就像“股神”沃伦·巴菲特（Warren Buffett）说的，“通过定投指数基金，一个什么都不懂的业余投资者，竟然能够战胜大部分专业投资者。”

定投是分散投资，定投的投资者不可能在牛市高位投入全部资金，风险自然大大降低。能长期坚持定投，最后大概率是赚钱的。

但是定投说起来容易，做起来难。

大部分投资者是难以在动荡的市场环境中做到坚持定投的。如何坚持下来，是投资者定投时面临的最大难点。

但这一问题，也在发生改变。比如说在基金定投方面，银行螺丝钉做得就很好。他不仅自己做好了定投，也帮助了很多人坚持长期定投，解决了投资者定投时的难点。

最早认识银行螺丝钉，是在我创办的雪球网站上。早在 2014 年的时候，我就看到银行螺丝钉在雪球上发表一些关于基金投资分析的文章，并坚持在收盘后发布指数基金的估值数据，回答一些网友的问题。

简单来说，他做的是基金定投，并把定投的知识和需要的数据，在网上进行分享。但就是这么一件简单的事情，他一干就是五年。

这五年里，他坚持写了近千篇文章，合计 400 多万字，总阅读量超过 5 亿人次，帮助超过百万投资者开始定投之旅。并且，他在每个交易日晚上发布估值表，无一日间断。

银行螺丝钉做的是指数基金定投，帮助大家在熊市低迷的时候定投基金，这在很大程度上解决了投资者“牛市高位买入亏钱”的痛点。买得不贵，长期坚持，赚钱也就水到渠成了。

念念不忘，必有回响。

我认为银行螺丝钉坚持做这件事情是很有意义的。

如果你是一个普通投资者，想给自己的收入找一个好的去处，如果你是一个上班族，想了解定投，我推荐你读这本书，一定会大有收获的。

方三文

雪球网创始人

# 前言

在开始这本书之前，我想给大家讲两个国家的故事。第一个国家，叫瑙鲁。第二个国家，叫挪威。

瑙鲁，是全球面积第三小的国家。这个国家曾经被称为“天堂岛”，因为岛上有非常丰富的磷矿。

当时的瑙鲁人，几乎不用上班，医疗、教育全部免费，房子、水电不要钱。许多瑙鲁人由于生活得太好，身患肥胖症。然而瑙鲁人并没有把自己的收入好好打理，而是随意地花掉了。

瑙鲁人原本以为磷矿可以开采 150 年，结果 20 年就开采完了。当磷矿开采完之后，瑙鲁就陷入了困局。最后，瑙鲁人不得不依靠变卖资产来维持生活。

同样是资源型的国家，挪威就做得好多了。

挪威是一个能源资源非常丰富的国家，但是人口比较少，产业也比较单一，主要依靠开采石油等能源来获取收入。如果石油等能源开采完了，那挪威会遇到很大的问题。

为了避免出现困境，挪威从 1990 年开始，设立了“挪威政府养老基金”。这只基金的目的，是储存石油收入并实现长期增长，最后实现财富的代际转移，即把当代人的石油收入，定期转化为更长期的金融产品收入。

这其实就是一个以国家为维度的超长期的定投。

挪威的投资策略，早期是配置 40% 的股票、60% 的债券。其中，股票的参考基准是富时全球指数（FTSE All-World Index），这个指数是投资全球主要股票市场的指数；债券的参考基准，则是全球债券指数。

这样，挪威就把本土的石油收入，定期地转化为全球的“股票资产+债券资产”收入，分享全球股票和债券的收益。从此，挪威不用再担心自己发展掉队的问题了。

这保证了挪威的长期发展速度跟全球发展的平均速度相匹配。即便将来挪威跟当年的瑙鲁一样出现了资源枯竭，挪威人依靠自己这些年买入并积累下来的资产也可以生活得很好。

从2008年到2018年，这只基金获得了大约8%的年化收益率，表现还是不错的。目前这只基金的规模接近1万亿美元，是全球最大的政府养老基金之一。

挪威人口只有529万，这相当于每个挪威人分配了18.9万美元的股票和债券的养老基金，未来还会继续增长。

通过这种方式，挪威实现了非常稳健的财富积累。在可以预见的未来，挪威的增长速度不会弱于全球平均增长速度。

这两个国家，其实就是我们日常生活中经常看到的两种不同的家庭。

有的家庭没有投资理财的意识，赚多少花多少。家庭成员一旦退休，就只有用大幅减少的退休金、养老金来维持生活，生活质量堪忧。而有的家庭，一开始就做好了计划，用收入定期买入优质的资产。当手里积累了足够多的资产之后，即便原来的收入减少或者消失，他们也可以依靠资产继续过美好的生活。

其实，无论是国家还是个人，在投资理财上，都是有共性的。

对挪威来说，是将石油收入转化为金融资产收入；对我们普通投资者来说，则是将工资收入转化为资产收入。石油有开采完的一天，退休后工资收入也会下降，但资产是可以长期为我们贡献源源不断的收入的。

那什么样的资产，适合用来长期定投？我们该如何通过定投获得更好的收益？又该如何避免投资中的风险？

这就是这本书要介绍给大家的。

第 1 章，介绍了定投前的准备，我们要具备哪些理念才能让我们的定投事半功倍。

第 2 章，介绍了什么是定投，其实很多人已经在定投了，只不过自己没有意识到。

第 3 章，介绍了如何通过定投来制订自己的财务自由计划，需要积累多少资产，才能让家庭过上理想的生活。

第 4 章，介绍了普通投资者必须掌握的投资品种。这些投资品种是我们手里的武器，灵活用好它们，我们能更快速地积累财富。

第 5 ~ 7 章，介绍了基金投资时最难的一类品种——股票指数基金。这类品种是长期定投收益最高的一类，也是风险很高的一类。

第 8 ~ 9 章，介绍了投资指数基金的高级技巧，包括如何挑选指数基金以及如何判断一只指数基金是否适合定投。

第 10 章，介绍了目前市面上最常见的几种定投技巧。我们可以付出更少的成本，获得更高的收益。

第 11 章，介绍了定投的卖出。俗话说，会买的是徒弟，会卖的是师傅。明白如何卖出，可以帮助我们落袋为安。

第 12 章，综合运用前面介绍的知识，帮助我们制订一个完整的定投计划，开启财务自由之旅。

第 13 章，介绍了投资者刚开始接触定投时最常遇到的 10 个问题。

我在创作这本书的过程中，得到了很多朋友的帮助。在创作这本书之初，我思考过一个问题：市面上讲定投的书很多，我来写定投的书，能给大家带来什么帮助呢？

后来想了一下，这几年我在网上分享了很多基金投资的内容，也得到了超过百万读者的关注。针对定投，大家最关心的内容是可以统计出来的，这其实就是大家对定投真正的疑惑。解答清楚这些疑惑，这本书也就水到渠成了。所以从某种意义上来说，这也是百万定投者一起创作出来的一本书，是属于定投者的一本书。因此，我创作这本书时最想感谢的人就是长期关注并支持螺丝钉的朋友们。你们的鼓励，是我坚持的最大动力。

也感谢出版社老师，她们在这本书编辑过程中不辞辛劳。中信出版社专业的编辑老师，是这本书坚实的后盾。

特别感谢我的妻子，这几年给了我很大的帮助，没有她的理解和支持，我很难走到今天。

读完这本书，其实只是一个小小的开始，大家可以关注我的微信公众号“银行螺丝钉”，我会在每个交易日发布基金的估值数据以及关于基金投资的心得和感悟，也会组织一些线下活动，发放一些小福利。后续大家对书里的内容有任何疑问，或者投资中遇到任何问题，都欢迎与我讨论，我们互相学习，共同进步。

## 目录

## 第 4 章 投资必备的基础知识



## 第 5 章 常见的宽基指数有哪些



## 第 6 章 策略加权指数基金：小众、收益更好

## 第 7 章　掌握优秀的行业指数基金



## 第 8 章　挑选指数基金的三个秘诀



## 第 9 章　结合估值的定投，让你赚钱更容易

# 引子

## “不上班，也有钱”，真的能做到！

钉大（银行螺丝钉的粉丝对其的昵称），你好，我今年 25 岁，有可能在 45 岁左右实现财务自由吗？

经常有朋友问螺丝钉（银行螺丝钉的自称）这个问题，这也是很多朋友的心声，我们都想实现财务自由。

但怎样才能实现财务自由呢？需要攒够多少钱呢？

## 40 岁前就退休，和家人一起环游世界

首先，螺丝钉给大家分享一个真实的故事。

在中国宝岛台湾，有这样一个姑娘，她在 10 年前第一次跟男朋友去泰国“穷游”的时候，就定下了一个目标：要在 40 岁之前退休，和男朋友一起环游世界。

那么，怎么样才能实现这个目标呢？

这个姑娘设想了很多种方案，一开始她想通过“边旅游边打工”的方式实现，她老公也就是曾经的男朋友，甚至想过从事潜水教练、英语老师等职业。

可是在后来查找资料的过程中，这对夫妻认识到，可以通过投资实现 40 岁前退休的目标。于是他们确定了一个路线：在 10 年内，攒下足够的资产，实现财务自由。

后来，他们真的做到了。

他们是怎么实现的呢？主要有三点：节流、开源、依靠基金分红建立被动收入来源。

先说节流。这对夫妻为了攒钱极为节省，蜜月旅行选择了徒步爬山，只花了几百元，平日从不乱买零食饮料，总是自己种菜做饭。他们在收入提高后，还制定了一个规则：每年只花掉收入的 10%，将剩下的 90% 全部存下来，定期投到指数基金上。

再说开源。这对夫妻刚开始上班的时候，家庭月收入在 15 000 元人民币左右。但是通过努力工作，10 年后当他们准备退休的时候，月收入已经是刚开始工作时的 3~4 倍了，是 5 万~6 万元人民币（包括工资收入和副业收入）。

最后说投资。一开始的时候他们一年投入大约 8 万元到指数基金，到了后期他们一年投入到指数基金的资金大概有五六十万元。

一晃 10 年就过去了，到了 2013 年，这对夫妻用近乎“自虐”的方式攒下了大约价值 650 万元人民币的指数基金，每年依靠指数基金的分红，就轻松实现了财务自由，达成了 40 岁前退休的目标，开始环游世界。

## 从这对夫妻身上，我们能学到什么

可能很多人会觉得这对小夫妻“太过分、太小气”，但他们不是“葛朗台”式的抠门。

葛朗台是为了抠而抠，而这对小夫妻是有自己的理想。他们愿意为了自己的理想忍受 10 年的辛苦生活，之后就可以享受自己想要的生活了。这样有理想和行动力的人是很可敬的。

虽然这样自虐的省钱方式，螺丝钉并不鼓励大家去模仿。但从这对小夫妻身上，我们可以借鉴以下经验。

- 认真工作，用双手创造价值，把自己打造成“获取稳定提升现金流”的资产，同时用保险保驾护航，这是我们的防御武器。
- 将现金流定投到低估值的指数基金上，依靠低估值的指数基金来放大收益，这是我们的进攻武器。

这个双核制的定投体系，是最适合大多数人的。

认真工作，需要大家自己努力。而基金定投的技巧，正是本书想要介绍给大家的。

### 实现财务自由最靠谱的方法

说到这里，螺丝钉再给大家讲个故事。

有一年春节放假的时候，螺丝钉跟两个朋友约吃饭。结果一个朋友出国旅游，另一个要加班，都没有约成。

加班的那个朋友 A，工作很努力，表现也很好，单位还不错，加班给三薪，所以 A 也没有什么怨言。多加几天班多拿点钱，还可以接受。

另一个朋友 B，原来在国企上班，后来辞职自己开了个小工作室，做设计。前几年他用赚的钱买了几套商铺，所以现在的收入是“工作收入 + 商铺租金”，收入还不错，经常带着家人出去旅游。他还打算学习投资，投资一些股票类品种。

他们两个人赚的钱目前差不多，但如果不考虑对个人价值的追求，很明显朋友 B 过得更潇洒自在一些。

这是为什么呢？

朋友 A 的收入主要来自自己的人力资产：通过把自己的劳动力

出租给公司，公司支付工资收入。出租自己人力资产的这段时间用来给公司创造价值，自然就干不了其他的事情。

朋友 B 虽然也出租自己的人力资产，但他会把所得逐渐变成资产——能收取租金的商铺。出租商铺也只需要定期收租就好，所以相对自由很多，越做越轻松。

当然能产生现金流的资产有很多，不仅仅是商铺，比如像那对中国台湾小夫妻一样持有大量的指数基金也可以收到很多现金流，道理是一样的。

出租的商铺或者指数基金等都是能产生现金流的资产，而且这种现金流的产生不需要占用你的时间。当这些资产产生的现金流能满足你所需的时候，你就不需要再出租自己的人力资产，腾出来的时间可以享受生活，或者做其他有价值的事情。这就是财务自由了。

想要变得富有，我们得攒资产；想要变得自由，我们也得攒资产。

可能大多数人未必能像那对中国台湾夫妻一样可以在 10 年内实现财务自由，但是通过提高自己的收入水平，学习定投的理论和方法，不断增加投资指数基金的资产比例，可以大大缩短实现财务自由的时间。原本需要工作三四十年，现在工作 20 年甚至只工作 10 年就可以实现财务自由了。

努力工作，用自己的劳动力去换资产，做一个小“资本家”，这是大多数人实现财务自由最好的方式。

我相信，我们终将富有！

# 第 1 章
## 定投前的准备

**如何省时省力打理好自己的财富**

**养成3个理财好习惯，受益终身**

**30 岁之前，要不要买房、买车**

**人到中年，如何规划好家庭消费**

**穷人思维和富人思维，决定你一生的财富**

## 如何省时省力打理好自己的财富

### 投资要趁早

提到投资理财，有很多刚开始工作或者手里没有多少钱的年轻朋友会这样想：现在手里本来就没多少钱，每个月随便花花就没了，想要投资理财，还是等以后有钱了再说吧。

但是这种想法，其实会有比较大的问题。因为投资需要时间，长期投资才能享受到复利的威力。投资要趁早。

我们举个例子，现在有早早、中中、晚晚三个人。

其中，早早最早开始投资理财，22 岁大学毕业后就开始每个月定投 1 000 元。

中中进行投资理财比较晚，27 岁才开始自己的第一笔定投，但同样也是每个月定投 1 000 元。

晚晚平时花钱大手大脚，一直到 32 岁才开始自己的第一笔定投，随后也是每个月定投 1 000 元。

假设他们三个人定投的都是同一款年化收益率为 8% 的投资品种。如果都是定投到 60 岁，他们可以分别积累下多少资产呢？

我们得到了图 1.1。这是早早、中中、晚晚在几十年人生里，积累财富总量的走势图。

早早定投得最早，最后能够积累下大约 310 万元的资产。

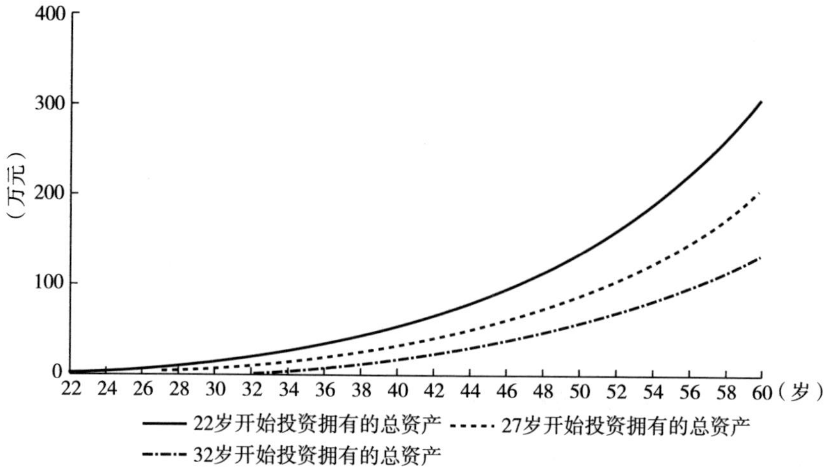


**图 1.1　在年化收益率为 8%的情况下，不同年龄开始投资到 60 岁的收益**

中中积累的资产其次，最后能够积累下 206 万元的资产。

晚晚积累的资产最少，最后只有 135 万元的资产。

注意他们开始定投的时间，彼此之间相差只有 5 年。但最后积累的财富，相差七八十万元甚至上百万元。

在人生开始赚取收入的前 5 年，如果能越早开始投资理财，越到后期，积累财富的差距就会越大，想要赶上的难度也会越大。

我知道有些小伙伴会说：这个简单嘛，只要中中在 27 岁的时候，每个月能够多投资一些钱，不就能迎头赶上了吗？这样就算是晚投资了几年，应该也不会差多少吧？

那我们就来算算，如果你是中中，你比早早晚了 5 年开始投资，每个月你要多投入多少钱，才能赶得上早早。

计算的过程不详细讲了，直接给出结果：想要赶上早早，你必须在接下来的 33 年时间里，每个月投资 1 500 元，也就是要每个月比早早多投资整整 500 元才行！

每个月要多投资 50% 的本金，而且要整整 33 年的时间，你才能积累和早早一样多的财富。你可能觉得很委屈：我才晚了 5 年啊！

让我们再认真看看图 1.1，在 34 岁之前，早早、中中、晚晚的财富没有特别大的差别，差距拉大是在 34 岁之后，复利的威力需要时间才能体现，时间越长，差异越大。

沃伦·巴菲特能够积累巨额财富，除了他具备别人难以企及的投资能力之外，他的投资生涯持续了 60 多年，到现在也没结束，也是重要的原因之一。而他的绝大部分财富，也是在 60 岁以后才拥有的。

所以，对于刚刚进入职场的小伙伴来说，投资理财，越早越好！一开始本金不多完全没关系，每个月就算拿出 500 元来投资，未来也有可能收获巨大的回报！

## 如何投资，才能让财富稳稳增长

讲到这里，很多小伙伴要问：投资理财越早越好这个道理我懂，我就想获取长期稳定的投资收益，可是我该投资什么呢？

把钱存在银行，放在货币基金，连 3% 的收益都没有，通货膨胀都跑不过！

买银行理财产品，有的门槛比较高，刚刚工作的人，每个月省下 1 000元不错了，要等好几年才买得起！

还有 P2P（互联网借贷平台），出问题的太多了，没有安全感！

买股票？风险也不低，虽说找到好股票确实能让人获得超高收益，但是也要花大量时间来读公司年报、对公司进行分析估值，大部分刚进入职场的小伙伴都需要辛苦加班，怎么办？

还有更好的选择吗？有没有花费时间相对较少、长期收益较高、门槛较低、风险相对较低的办法？

当然有，答案就是定投指数基金，这也是本书想要重点介绍给大家的。

巴菲特曾经说过："通过定投指数基金，一个什么都不懂的业余投资者，往往能够战胜大部分专业投资者。”

这句话告诉我们：投资指数基金的最佳策略，就是定投。每个月定期投入一定金额到指数基金，长期来看，让财富稳稳增长不是一件难事。

当然，定投哪只指数基金、什么时候定投、什么时候卖出，这些都是有技巧的，需要大家去学习和实践。

在接下来的章节中，螺丝钉也会讲到这些内容。

## 养成3个理财好习惯，受益终身

国内的财商教育是很落后的，很少有学校会给中小学生专门开设投资理财的课程。而且，现在独生子女多，通常是两代人三个家庭，去照顾一个孩子。家长很多时候对孩子的需求有求必应。

这就导致很多人在花钱上没有什么规划，也没有攒钱的意识：反正钱花不完，想要的时候也有人给，何必节约攒钱呢？

但是上了大学之后，孩子离开家庭，第一次手里有了不少数目的金钱可以支配，这钱怎么花，就成了一个问题。甚至这个问题比单纯地学习学校的知识还要重要。毕竟，大学学的东西可能毕业后没有用上，但是花钱和理财的习惯，是一辈子的事情。

### 好习惯一：把每月开支分成4份，避免把钱早早花完

心理学上有个比较著名的实验。

> 把糖放在桌子上，告诉一群小朋友，如果能不吃桌子上的糖，下午会再给一块。
>
> 然后实验员走开，观察小朋友的行为。

结果，大部分小朋友是无法忍耐到下午再吃的，他们会马上吃掉。只有一小部分小朋友坚持到下午再吃，因而获得了额外一块糖的奖励。

这个实验告诉我们：人性是不耐的。

花钱也是如此。上班族每个月都会领工资，对于不耐的月光族来说，克制自己不乱花钱，是很困难的，很容易就在前半段时间把钱花光。

怎么改善这个现象呢？我们可以当工资发到手之后，立即把这个月用来支付日常开支的钱分成 4 份，每周分配一份，这样可以避免把钱早早地花完。

### 好习惯二：养成记账的习惯

人的记忆力是有限的，很容易忘记之前发生的事情。

不过，好记性不如烂笔头。把以前的开销记录下来，这样我们就知道钱花到了哪里。现在有很多记账的 App，通过手机记账很方便。

有了记账的习惯，知道自己的开销进度，知道钱花在了哪里，后面也更容易优化。

养成记账的习惯，会让你受益终身，很容易积累下财富。

### 好习惯三：做好预算

第三个好习惯是，为将来的开支做好预算。

做预算已经是比较高级的技巧了，大部分人不一定有这个习惯。

我们知道预算部门是政府和企业很重要的部门，专门拟定未来的收支计划。而有这个习惯的个人并不多。

有了记账的习惯，我们就可以知道过去的时间段里，自己是怎么花钱的。

针对这些已经发生了的账单，我们就可以有针对性地进行增加收入、节省开支的预算规划。

对学生来说，主要是砍掉不必要的消费、优化必需的消费。

这里有朋友会觉得“砍掉消费项目”是非常困难的，怎么办呢？

其实有一个小窍门挺好用的，可以用“为物品贴上生命标签”这个方法。比如设定一杯星巴克咖啡 = 3 小时生命，一件大衣 = 300 小时生命（此处假定时薪为 10 元）等，这样，就可以很清楚地知道每一项消费的价值是多少，再问问自己这样值得吗。

答案立即就出来了。

熟练了之后，我们甚至可以比较精准地规划出自己下个月的开销是多少。

到了这一步，我们已经具备比较出色的消费观和财务技巧了。

## 30 岁之前，要不要买房、买车

### 工作之后，要不要买车

钉大，大家都知道车子是消费品，尤其是贷款买的。那么在 30 岁这个人生阶段是不是应该去更多地购买资产而不是负债，包括贷款买房，因为一线城市房价那么高，房贷背负起来很累，而且也不是必需品，换成是你，你会怎么做？

螺丝钉是这么看的，汽车是消费品。从买来开始使用算起，汽车就在不断贬值。

螺丝钉在北京住，也没有买车。出门需要的时候就打开叫车软件，随叫随到，经常还有优惠券可以用，折算下来比买车划算多了，也挺方便。所以，这种情况下，从财务角度打车就比买车划算一些。

不过，螺丝钉回老家的时候就觉得还是有车方便，因为不好叫车，公交也不发达。在老家生活，没有车的话会耽误大量的时间成本。这个时候有辆车会好一些。

所以，是否需要买车因人而异。

不过需要买车的时候，买个普通的便宜耐用的就好啦，没必要买太贵的。巴菲特的一辆“小破车”，也开了几十年呢。

房子就比较特殊了，它本身带有金融属性，能够抗通货膨胀。所以一个城市的房价，会随着居民人均收入的增长而增长，不像汽车贬值那么快。

不过确实没必要在年轻的时候就背负太高的房贷压力。在 30 岁之前，无论怎么去拼，大多数人都很难轻松负担一线城市的房价。这个在全世界都是如此，包括美国。

## 30 岁之前，优先提升自己

30 岁之前，我们应该把更多的重心放在人力资产的培养。我们自己就是一个非常强大的资产。

根据美国布鲁金斯研究院 2011 年的调查数据，一个本科学历能带给我们的现金流，折算成金融领域的投资年复合收益率，竟高达 15. 2%，远高于股票资产 8%～9% 的收益率。这也是我们要辛辛苦苦求学十几年、考好大学的原因。

同样是本科毕业，不同行业的工资也不同。像美国计算机工程毕业的本科生，平均年工资收入为 6. 1 万美元，而有的专业则只有 4 万美元。

这些是从整体概率的角度得出的结果。好大学也有差学生，不过从整体上来看，一个好学历、好专业，给我们一辈子带来的收益是非常大的。

就算是上班后，我们也可以通过各种方式提升自己。例如银行的员工可以考相应的专业考试，比如CFA（特许金融分析师），这些证书可以在评职称的时候提供加分项，职称越高的员工月工资也会越高。拥有这类证书也是非常棒的、收益率很高、风险又非常低的资产。

再比如，看这本书学习投资理财。这本书能给我们带来知识，使我们未来现金流的提升不可估量。

21世纪什么最贵？人才，这才是全世界通用的硬资产。只不过提升自己比较辛苦，比较逆人性。

大家都明白这个道理。有些家长自己不怎么努力，但是对孩子严格要求，其实就是明白这个道理，但是不忍心对自己狠一点儿。

再说到买房。年轻人适不适合买房，买房的时候能不能从银行贷到款，其实银行是有比较通用的指标的：贷款人的月还款额/月收入，至少要低于50%。

如果大幅高于这个数字，年轻人还是不要吃力供房了。一来生活质量会下降；二来背负这么高的贷款，人生也会丧失很多可能性。

## 年轻人租房，尽量住得离钱近一点

如果不打算买房，那就需要考虑租房的事情。

有一段时间，北京、上海等城市的房租上涨成为一个热门话题。这些大城市的房价比较高，对很多刚工作的年轻人来说，无法负担直接买房的资金支出，租房是优先选择。

年轻人该如何租房呢？

记得螺丝钉刚毕业租房的时候，没什么经验，跟一个同事合租。第一次租的房子，在北京某公园附近，距离北京地铁五号线不远。

那一片有不少小区，房子本身一般，租房的人也鱼龙混杂，好在当时租房的价格还比较便宜。房子是一个一居室，不过客厅被简单地改造成一个卧室。

出租房子的是一个二房东，他把周围住户的房子收上来，进行简单的改造，或者打个隔断，这样就可以多出几个房间来出租了。

每天早上从租住的房子坐地铁去上班。五号线早上人非常多，刚开始没有经验，去地铁站的时候正好是上班高峰期，往往要等三四趟才能挤上去。

后来有经验了，早上早点儿走，5点多起床，6点多出门，这样地铁上人比较少，到单位后可以先去吃早餐。到了晚上，晚高峰也不想挤地铁，下班后就在单位附近吃个饭，看会儿书，待到晚一点再坐地铁回去。

虽然如此，但是每天来回路上所花的时间还是比较多的。所以后来实在不想在路上花费太长的时间，就打算退掉房子。

还记得当时二房东指着卧室门上的一个小窟窿说，这是你们弄出来的，要补400元，但是那个窟窿其实是一开始租房时就有的。协商未果，最后没办法，给了二房东200元，退掉了房子。

第二套房子租在了单位附近，也是合租。虽然租金跟第一套差不多，不过因为离市中心近了，面积小了许多，仅够放下一张床和一张书桌，居住条件也远不如第一套房子。

然而最大的好处就是：离单位近。这样，早上不用再那么着急，晚上也可以更早到家。有了更多的时间，就可以看更多的书。

当时螺丝钉开始对金融投资感兴趣，接触了很多金融产品的资料，买了很多金融类的书开始研究，也开始在网上写很多有关金融产品分析的文章。

第一套房子上下班通勤需要2个多小时，第二套房子上下班只需要20分钟。节约下来的1.5个小时，变成了螺丝钉脑中的知识，也变成了螺丝钉的一篇篇文章。

渐渐地，研究越来越深入，写的文章也越来越多，跟螺丝钉讨论的朋友也越来越多。

两年的时间里，就写了上百万字，看了上百本书。而完成这些，都是在工作之余，通过从各种地方节约下的时间来实现的。

虽然如今工作比从前更加忙碌了，但是，“挤出时间来看书”的习惯，还一直保留着。

房租是一笔消费，花出去就没有了。但是，“人”本身就是资产——人力资产，节约下时间在自己身上投资，是可以升值的。而且这个升值的空间，还非常大。

对年轻人来说，如果要租房，就选择在单位附近租住。如果不舍得花太多钱，那宁可面积小一点。通勤路上花太长时间，虽然可能会节约几百元，但浪费的时间是弥补不回来的。

时间很重要。节约下来的时间，不能浪费，如果用来学习，会加速我们的成长。

住得离工作近一点，住得离钱近一点。

在你觉得最重要的事情上，全力以赴！

这，就是螺丝钉眼中租房的秘诀。

## 人到中年，如何规划好家庭消费

马上就40岁了，人到中年，我发现自己的中年财务危机很严峻。

跟年轻时相比，收入不见增长，可是花钱的地方越来越多：房贷、车贷、物业费、车位租金、养车钱、水电费、小孩学费、兴趣班和辅导班的费用、买菜钱等。

这些钱基本上就掏空了每月工资，都没钱孝敬父母，我该怎么办呢？

这些问题相信大家都不陌生，许多中年人都会遇到这样的情况。

螺丝钉也思考过该如何应对这样的困境，在此跟大家分享一下。

有的时候，我们不敢轻易换工作，因为身上背负着房贷和家庭其他开支。各种开销的压力大，孩子正是需要钱的时候，父母也是需要钱的时候。工作压力也大，中年人在公司基本上是中流砥柱或者业务主力。

人到中年，有点类似于一家企业到了转型期。比如说 20 世纪 80 年代的可口可乐（Coca-Cola），已经发展了很长时间，找不到新的业务增长点，可口可乐为了拓展业务，盲目进军了很多新的领域，甚至推出了可口可乐牌的酒，导致公司开销巨大，利润率下降。

后来，可口可乐重新聚焦于最核心的、能为公司带来现金流的业务，砍掉其他不赚钱的业务。同时，公司力争节俭，控制好每一笔开销。

概括来说，可口可乐转型的核心就在于聚焦主业，大力控制成本。

所以同样地，对于我们的小家庭而言，核心也主要在于这两个字：节流。

这里的节流是很有讲究的。螺丝钉把它总结为两句话：可选消费降级，必需消费走量。

## 可选消费降级

如果把我们的日常开销区分一下，可以分成两类，一类是可选消费，一类是必需消费。

可选消费，是用来提高生活质量的。例如汽车、化妆品、最新款的手机、最新款的电脑，花费非常大的出境旅游等，都属于可选消费。有了它们，可以让我们更好地享受生活。但是如果经济能力达不到，没有它们，我们也可以继续生活。

很多时候，可选消费都是可以降级的。比如用不了最新款的比较贵的手机，用旧款的便宜点儿的手机也是可以的。旅游，没必要一定要出国，可以选择去一些花费少又好玩的地方，住不了五星级酒店，可以选择住民宿，或者去郊区逛逛公园、爬爬山也是不错的休闲娱乐方式。再比如汽车，买辆价格便宜的车也可以满足出行需求，或者是考虑跟同事朋友一起拼车上下班，分摊油费。

可选消费的特点是，很容易找到降级的替代方案。就好比手表，上到几十万的名表，下到几十元的普通表，都是有的，都能满足看时间的基本需求。我们可以根据自己的实际经济能力选择合适的消费品。

### 必需消费走量

必需消费，是维持日常生活的消费。衣食住行，都算是必需消费。必需消费的单价都不高，属于日常消耗品。

通常来说，必需消费品可以一次性大量买入，这样会划算一些。比如超市或者电商做优惠活动的时候多买一些，或使用优惠券或者满减券等，这样会比平时买更便宜。而这些必需消费品又是每天都在不断消耗的，所以不怕买了不用反而浪费钱。当然，也不要囤太多。一次性买特别多的东西囤着，有时会起到反作用，吞噬我们的流动资金。基本上，一次囤一个季度的必需消费品就可以了。像很多电商每隔一段时间就做优惠活动，我们不用担心后面买不到便宜的商品。

### 聚焦主业

做好以上两方面之后，我们还需要聚焦主业。聚焦主业也可以帮助我们减少不必要的开销。

比如说孩子的教育。螺丝钉以前见到过一些家长，给孩子同时报了钢琴、舞蹈、书法、英语等多个辅导班。虽然说在教育上进行投资是非常划算的，长期来看，在教育上投入的资金回报率非常高，但是，人的精力是有限的，孩子也一样。在任何一个领域，想要取得成就，都得投入大量的时间和精力。报太多的兴趣班，每一个都学，可能每一个都学不好，所以给孩子报辅导班、兴趣班，不能盲目地去报，要聚焦主业。

想想孩子对什么方面更感兴趣，孩子以后要走哪条路，哪些技能可以帮助孩子在这条路上走得更远，再围绕这个方向来投入时间和金钱，而其他的非主营业务，都可以砍掉。

我们在做事业的时候也是如此。比如说工作中会面对很多不同的项目，可能每一个项目都是不错的，但人的精力有限，选择一个自己擅长的核心项目来投入精力，比所有项目都做效果要更好。

每一个项目都做，可能每一个项目都做不好。认清自己要做的是什么，聚焦主业。

### 定期检查

最后一点，我们还需要定期检查。

人都是有惰性的。由俭入奢易，由奢入俭难。按照人的惰性，都是倾向于花钱越来越多的，所以我们需要定期为家庭开销做好规划。如果不定期检查，家庭开销可能不知不觉地就提上去了。定期检查可以帮助我们及时改进。别等到一年过去了，到年底才发现家里没攒下一分钱。夫妻俩定期合计合计，甚至可以节约下超过 30% 的钱。

## 穷人思维和富人思维，决定你一生的财富

我们经常说到穷人思维和富人思维，那穷人思维和富人思维到底

是什么呢？

这里螺丝钉讲一个小故事。

## 比尔·盖茨慈善基金会扶贫的故事

大家都知道，每年国家都会有一些定向扶贫的项目。比如说养殖类项目，向贫困家庭赠送鸡和鸭，通过养鸡、鸭获得鸡蛋、鸭蛋等方式来提高其收入。比如说种植类项目，帮助贫困家庭种植橘子、核桃等树木，通过出售所结果实来提高其收入。

从某种意义上来说，这就是给贫困家庭提供了一个可以产生现金流的资产。性质上，跟我们投资理财是一样的，都可以产生现金流。

这种方法其实是全世界通用的。

以前读比尔·盖茨慈善基金会的一些文章，比尔·盖茨（Bill Gates）每年会给贫困家庭送小鸡。

养鸡是一个见效非常快的脱贫方法。鸡是一种能产生现金流的资产，所以在全世界范围，养鸡是贫困家庭脱贫致富的常见选择。

比尔·盖茨的慈善基金会深谙其中的道理。

> 我和我的同事们在长期的基层工作过程中，遇到了很多生活费每天不足2美元的人。我多年的经验是，养鸡可以改变这些人的生活。
>
> 一个非洲农民可以从养5只鸡开始，3个月后，其就有了一个40只鸡的小鸡群。最终，在非洲养殖的每只鸡以西方批发价5美元的销售价出售后，该农民可以每年赚取超过1 000美元的收入，超过该地每年收入约700美元的极端贫困水平。
>
> 你可能会认为养鸡的目的是吃鸡蛋，但是，正如我们在这里讨论的，很多农民发现不吃鸡蛋更有经济意义：让鸡蛋孵化，提高鸡的出栏率，然后把鸡卖掉，用卖鸡得到的这笔钱来购买

食物。

鸡的养殖相对便宜和简单可行，鸡只需要住所、药品和食物。鸡可以吃它们在地面上发现的任何食物品种。

这就是最简单的“持有资产致富”的道理。比尔·盖茨基金会每年会投放超过 10 万只小鸡到贫困地区。

那是不是告诉贫困家庭要养鸡，给他们送小鸡，事情就解决了呢？其实也不是。人性是不耐的。即使是养鸡这种扶贫方法，也会遇到难题。

之前有关注螺丝钉的朋友说过他扶贫时的案例。

关于扶贫，我们当地有个笑话流传，就是县长去扶贫，给一家贫困户买了很多小鸡叫他们养大。过了几天这家贫困户去县政府找县长，县长不在，秘书问有什么事，贫困户答：“光给我买了小鸡没用，小鸡吃啥？没有饲料。”秘书只得送了很多鸡饲料去。

又过了 3 个月，县长去看这家贫困户，发现小鸡和饲料都不见了，贫困户说小鸡比较难喂，吃了。

由此我联想到投资也是如此，为什么很多人没有最终富有，那是因为他们没有忍受饥寒交迫、坚持艰苦奋斗的耐心。

所以要想脱贫，就必然得忍受很久一段时间的贫穷，而这种品质叫作坚守！

还有朋友分享了以下案例。

扶贫是一个沉重的话题，大约 20 年前他本人也直接参与过扶贫工作，也是着眼于提高贫困群体的“造血”功能，结合农业区的实际，提供了鸡仔、猪仔等给贫困群体养殖。

愿望是美好的，但现实是残酷的。提供鸡仔、猪仔后，饲料、养殖方式、卫生防疫等问题接踵而至，不少人半路放弃了。坚持到最后的群众，扶贫人员还要帮助他们把产品，如鸡蛋、猪肉都卖出去。

两年之后，他们总结的结果是，对于贫困人员，最好是以富带贫，通过发展产业项目，把贫困人员吸纳进来，让他们从事力所能及的工作，通过报酬来解决贫困问题。

否则，只能养懒汉。

这就是典型的穷人思维：不耐和懒惰。

## 穷人思维：不耐和懒惰

有的人贫穷是因为极端没有耐心，他们甚至无法等到生长周期短的鸡成长起来。对这些人来说，持有一周就是“长期投资”了。如果让这些人去做股票投资，也是只有持有几天的耐心。极端没有耐心，让这些人无法等待资产产生现金流。任何情况下，消费都比投资更容易。因为消费不需要等待，是一种即时享受。但是同样的钱，去做任何一种投资，都需要时间的沉淀。这就需要我们有足够的耐心。

还有一类人贫穷则是因为懒惰。懒惰的意思是不想贡献人力资产，只想不劳而获。

人人都想财务自由，但是如果自己本身的资产比较少，那么通过劳动，用自己的人力资产去赚钱，是必需的过程。

这也是为何大多数人都需要上班的原因。我们自己也是一个可以产生现金流的资产，自己不努力，这个资产的价值就会大大缩水。

正如一段相声里讲的：“但凡要饭的，没有要早饭的，因为他要是能早起，就不至于要饭。”

人性的不耐和懒惰，就是穷人思维的核心。

我们想要变得富有，就不能犯同样的错误。

## 投资者笔记

- 投资要趁早。
- 30 岁之前，优先提升自己。如果要租房，尽量住得离工作近一点，住得离钱近一点。
- 人到中年，规划好家庭消费的核心在于：可选消费降级，必需消费走量。
- 人性的不耐和懒惰，是人们陷入贫穷的根本原因。我们想要变得富有，就不能犯同样的错误。

# 第2章

## 定投，做一个聪明的“懒人”

**什么是定投**

**定投的好处**

**定投的心态，就像还房贷**

其实定投这个概念我们并不陌生，很多人早就接触过了。比如，螺丝钉记得上小学的时候，就有银行员工到学校里宣传“教育储蓄”：给每个家长发传单，告诉家长们只要每隔一段时间存 50 元，将来孩子上高中大学的费用就攒出来了。

这种“零存整取”的思路就是定投的一种。

## 什么是定投

### 五险一金，就是一种定投

简单来说，定投就是“定期投入”的意思，把资金定期投入某个品种。

上班族，其实都在定投，比如平时缴纳的五险一金。

五险一金是养老保险、医疗保险、失业保险、工伤保险、生育保险和住房公积金的统称。

五险一金，也不全是上班族所负担的。实际上，每个月上班族需要自己缴纳的主要是养老保险、医疗保险、失业保险、住房公积金，并且其中很大比例是由单位负责缴纳。工伤保险和生育保险，则全部由单位缴纳。

一些单位为了节约成本，并没有帮助员工缴纳五险一金。这对员工来说是很大的损失，所以上班族要重视自己的五险一金。

五险一金所需的金额每个月自动从上班族的工资中扣除，所以每个月发到手的钱，其实已经扣掉了五险一金这部分金额。

每个月，工资发到手之后，我们看看工资条，里面有一部分就已经被自动拿出来投入了五险一金。这个过程会持续到我们退休。像我们投资的养老保险，国家就汇集成了养老基金来投资债券、股票。实际上大多数上班族都在用定投的方式每月来定投五险一金。

每个月在固定的时间拿一笔资金投入某个品种，这不就是一个定投的操作吗？

所以，我们大多数上班族，实际上都在坚持定投。

## 定投，要投能带来现金流的资产

定投的时候，我们要投资什么呢？

答案是可以产生现金流的资产。

什么是现金流呢？

螺丝钉给大家讲一个小故事，大家就明白了。

从前有一个年轻的农夫，他每天的愿望就是从鹅笼里捡一个鹅蛋当早饭。结果有一天，他竟然在笼子里发现了一个金蛋。一开始，他不相信这是真的，他把这个金蛋拿给金匠看，金匠跟他说，这个蛋是由纯金铸成的。于是，农夫卖了这个金蛋，然后举行了一场盛大的庆祝会。

第二天，农夫一大早赶到鹅笼看，结果又发现一个金蛋躺在那里，这样的情况持续了好几天。

本来农夫可以靠着这只鹅从此过上好日子，可是这个农夫是一个贪婪的人，他对自己的鹅非常不满意，因为这只鹅没法向他解释是怎么下出金蛋的，否则他就可以自己制造金蛋了。农夫还气呼呼地想，这只懒惰的鹅每天至少应该下两个金蛋，现在这样的速度太慢了。

他的怒火越来越大，最后愤怒的农夫把鹅劈成了两半。从那以后，农夫再也得不到金蛋了。

金蛋，就是我们手里的现金；而会下金蛋的鹅，则是我们的资产。

我们投资就是这样：能够产生现金流的才是资产，它就是我们的“鹅”，可以源源不断地给我们产生现金流。在日常生活中能产生现金流的资产有很多，像股票、债券、基金、房地产、自己的公司等，这些都是“鹅”。只要这只“鹅”可以产生不错的现金流，它就是在下“金蛋”。

- 债券，每年可以产生利息，利息是现金流。
- 上市公司，每年可以产生盈利，盈利也是现金流。
- 房地产，每年出租可以产生租金，租金也是现金流。
- 我们自己上班工作，每个月可以领取工资，我们自己这个人力资产也可以产生现金流。
- 我们自己经营了一家公司，这家公司正常运转，是盈利的，也可以给我们带来现金流。

只要拥有了足够多的“鹅”，即使我们不再工作，也可以源源不断地获取现金流，这是实现财务自由的很好方式。

说起来我们比这个故事里的农夫幸福很多，因为他只有一只下金蛋的鹅，而我们周围有许多可以下金蛋的“鹅”。我们可以努力工作，用工作所得来买“鹅”。在没有“鹅”的时候，这是一个很好的开始。

“千里之行，始于足下。”要积累大量的资产，有一个非常重要的前提，就是我们要有本金，有了本金我们才可以去买资产。所以获得第一桶金，是我们首先要做的。

越早开始积累资金用于投资，我们可以越早积累下资产。让资产为我们打工，不断地“钱生钱”，我们就可以更早地实现财务自由的目标。

日常生活中还有一些无法产生现金流的资产，比如黄金、古董、艺术品等。100 年前囤下 1 公斤黄金，妥善保存到今天，仍然是 1 公斤黄金，不会有什么变化，黄金不会多出来。

不能产生现金流的资产，它的价格主要取决于供求关系。比如说在战乱年代，黄金通常会供不应求，价格上涨，所以才有“盛世珠宝，乱世黄金”的说法，所以有种说法是“黄金是避险资产”。但是在经济稳定发展的年代，黄金的投资价值并不高。图 2.1 为从 1802 年到 2002 年这 200 年，1 美元投资于各类资产的变化。

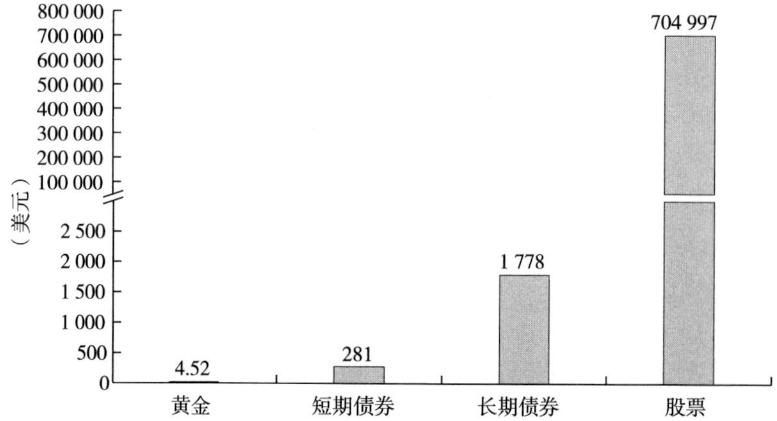


**图 2.1　1802—2002 年，1 美元投资于各类资产的变化**

资料来源：杰里米·西格尔. 股市长线法宝［M］. 马海涌等，译. 北京：机械工业出版社，2015.

我们可以看出，黄金的投资价值并不高，远远不如股票和债券。

这里有一个比较通用的概念：能产生现金流的资产通常比不能产生现金流的资产长期收益高；能产生现金流的资产中，现金流越高，长期收益越高。

所以，我们定投的时候，最好选择那些可以产生现金流的资产，这样长期收益才更高。

## 定投的好处

### 定投的两个作用

定投其实有两个非常重要的作用。

第一个作用，是强制储蓄，克服穷人思维。

大部分人无法区分消费和投资，因此需要有一个定期投入的操作，帮助他们积累资产。比如说单位发了 1 000 元奖金，拿 1 000 元买烟，这就是消费；但是如果用这 1 000 元买基金，就是买了资产，进行投资。

表面上看起来，这两种都是花了 1 000 元。但实际上抽烟完了就什么都不剩了；但是基金投资做好了，过段时间，投入的 1 000 元就会增值，带来 1 000 元之外的回报。

当然，投资的目的还是获得更多的财富，改善家庭的生活质量。

所以某种意义上，消费是把钱在当下就花掉；而投资是把钱投到某个品种上，期待未来获得更多的钱，然后在未来花掉。这就是消费和投资的区别。

成为富人的第一步，就是要明白消费和投资的区别。绝大多数人都是卡在了这一步。很多人区分不了消费和投资，或者无法忍耐长时间等待投资收益。

我们身边都有这样的“月光族”。他们没有自己的规划，到手的钱基本都会花掉，甚至还会借钱消费，部分人还可能欠下巨债。如果社会上人人都如此，肯定不利于社会的安定，所以国家强制让大家做五险一金的定投。

同样地，我们也可以用类似的方式制订一个定投计划，帮助自己强制储蓄。如果觉得自己积累不下财富，那就来定投吧。

第二个作用，是保值增值，化解人力资产的风险。

我们年轻的时候可能都需要依靠自己的体力或者努力工作来赚取工资收入。这其实是把自己这个人力资产运作起来产生现金流。

如果每个月我们把一部分现金流转换成其他资产，持续几十年的时间。等到积累的资产足够多，这些资产产生的现金流可以覆盖我们家庭日常生活的开销，也就实现财务自由了。

这就是用定投来化解人力资产的时间风险。

## 定投最适合的四类人群

有四类人群，很适合用定投的方式来进行投资。分别是上班族、大忙人、低风险投资者和为未来规划者。

第一类，也是最典型的，就是上班族。定投，可以说是为上班族量身定做的。上班族每个月会获取一定的工资收入，这些收入的结余部分可以定期投入指数基金，获取更高的收益。国家让上班族用定投的方式缴纳社保和养老保险，就是因为这个方法特别适合上班族。

第二类，是大忙人。定投不需要盯盘，每个月只需要在固定的某一天，抽出几分钟判断一下所关注的指数基金是否值得投资即可。甚至可以设置自动定投，连理都不用理，隔一段时间查看一下收益即可。当然，配合本书介绍的定投策略，需要在每月定投的时候先判断当前情况下指数基金是否仍然值得继续投资，只有值得投资时，我们才继续定投，所以最好是手动操作。

第三类，是低风险投资者。股票基金波动性比较大，如果一次性买入，很可能遭遇大幅暴跌。但是定投，通过分批买入的方式可以降低风险，如果买在相对高点，之后的定投会把我们的买入成本降下来。因此，定投非常适合追求稳健的低风险投资者。

第四类，是为未来规划者。定投类似于零存整取，适合为未来特定的目的做规划。同时，定投又优于零存整取，我们可以将平时不用的闲钱整合起来，持续获取高收益。例如，作为未来买房的首付款、将来孩子上学的教育款，或是退休之后的养老费用等。

## 定投的收益

最倒霉的定投者，这是杰里米·西格尔（Jeremy Siegel）教授在他的著作《股市长线法宝》中讲过的一个人物。

> 1929 年 6 月，一个新闻记者采访了当时通用汽车公司（General Motors）的高级财务总监拉斯科布。拉斯科布讲了一个比较大胆的观点：人人都能发财。
>
> 在访谈里，拉斯科布说，投资者只需要每个月定投 15 美元，投入美国股市，在未来的 20 年里，投资者的财富有望稳步增长至 8 万美元。
>
> 当时正好是美国股市的牛市，在 20 世纪 20 年代的牛市狂热氛围中，几乎没有人怀疑这个言论。
>
> 但是在拉斯科布发表观点 7 周之后，美股股市崩盘，34 个月之后，道琼斯指数（Dow Jones Industrial Average，简称 DJIA）只剩下 41 点。
>
> 大盘股的市值蒸发了 89%，数百万投资者的毕生积蓄化为乌有，美国经济进入历史上最严重的萧条期。
>
> 毫无疑问，拉斯科布的言论遭到了无情嘲讽和抨击，甚至有议员说拉斯科布让普通民众在市场顶部买入股票，应该为股市崩盘承担责任。《福布斯》（*Forbes*）专门撰文指责嘲讽拉斯科布。
>
> 拉斯科布错了吗？

事实上，如果一个投资者在1929年按照拉斯科布的建议构建长期定投组合，每个月坚持定投15美元到美国股市，我们可以计算一下该组合的收益。

- 到1949年，累计资金将达到9 000美元，年化收益率为7.86%，高出当时债券收益率两倍以上。
- 30年后，累计资金将增加至6万美元以上，年化收益率也上涨到12.72%。

尽管没有拉斯科布预测的那么高，但也是同期债券年化收益率的8倍以上了。

为什么会这样呢？因为下跌之后，美国股市从股灾后又涨了回来，而且涨得更高。

拉斯科布可谓是最倒霉的定投者了。但即使像拉斯科布这样倒霉，在牛市的最高点开始，经历了有史以来最严重的股市崩盘，定投也可以帮助他取得不错的收益。

假如他能在定投的时候看一下股市的估值，在股市低估的时候才开始定投，长期来看会有一个更加惊人的投资业绩。而这种方法，正是本书后面将要介绍给大家的投资方法。

再比如我们制订了以下简单的定投计划。

例如我们在某场外基金交易平台，每个月的第一天，定投1 000元到沪深300指数基金。

这样一个定投方案的效果如何呢？

我们借用定投计算器来回测一下。

时间最久的一只沪深300指数基金，成立于2003年8月。我们以这只沪深 300 指数基金为例。

> 从 2003 年 9 月 1 日开始，每月 1 日，定投 1 000 元至沪深 300 指数基金。截至 2019 年 4 月 19 日，一共执行 188 期定投，投入 188 000 元。累计持有的基金总市值是 448 919 元，约 45 万元，累计收益率 138. 79% 。

这个收益意味着什么呢？

如果我们同期定投的是一只年化收益率为 3% 的货币基金，那么定投 188 期下来，累计持有资产大约 23 万元。

如果同期定投的是一款年化收益率为 5% 的银行理财产品，那么定投 188 期下来，累计持有资产大约 28 万元。

如果同期定投的是一款年化收益率为 10% 的高收益产品，那么定投 188 期下来，累计持有资产大约 43 万元，略低于定投沪深 300 指数基金。

所以，仅仅是简单定投沪深 300 指数基金，不添加任何策略，效果比定投一款年化收益率为 10% 的理财产品还要好，积累家庭财富的速度也更快。

这就是定投指数基金的好处。我们只需每个月拿出一点点时间，进行指数基金的定投，就可以获得这样的好收益。

再分享一个中国香港居民定投指数基金的案例。

> 一个普通的香港打工仔，他一辈子的收入都是普普通通的中位数。
>
> 假如他从 1964 年 18 岁开始工作，每年拿出收入的 20% 投资恒生指数基金，那他每年的投入，会从 500 多元慢慢增长到 2 万多元。到他 58 岁退休时（2004 年），他将拥有 660 万元的资产。
>
> 如果他到 2014 年也就是 68 岁才退休，他就可以拥有1 576

万元的资产。而要完成这一切，他定投的本金总共只需65万元而已！

仅仅是年复一年的定投，累积定投65万元，退休的时候就会有1 500多万元的资产。这还只是一个人，如果是双职工家庭，退休时很轻松可以存下3 100万元的资产。

这就是定投指数基金的威力。而掌握这些不需要有多么高深的投资技巧，只需要年复一年地从收入中拿出一部分用来定投就可以。

不过，相信大家还是有一些疑惑。

（1）定投具体的操作步骤是什么？

（2）指数基金品种那么多，该选择哪只指数基金来投资呢？

（3）定投指数基金长期下来收益不错，为何我身边还是有很多朋友投资指数基金是亏损的呢？

（4）这个定投方法这么简单有效，那还有没有更优化、让我们获得更好收益的方法呢？

在接下来的章节，螺丝钉将会给大家介绍投资指数基金的具体操作步骤，以及螺丝钉自己精心总结的提高定投收益的非常有用的技巧。这些技巧都是经过多年实践经验和几十万投资者的验证得的，可以很好地帮助我们提高定投指数基金的收益。

## 定投的心态，就像还房贷

### 定投是一种被动投资理念：不要去预测市场

经常有朋友问螺丝钉以下问题。

看到股市下跌很兴奋，但还没有到我定投的日子，我怕到时候就涨上去了，所以可不可以先投一点呢？

这样的想法，到底对不对呢？

其实，产生了这样的想法，就说明投资者心里是如下这样认定的。

当前时刻就是这个月最便宜的时候，后面的时间段里，不会再下跌，不会再出现更便宜的价格了。

因为，如果认为后面还会下跌，是不会想着现在就投资的。这其实是一种依靠主观来判断短期涨跌的行为。

而一般情况下，都不建议大家凭主观去判断股市涨跌，因为很少有人能长期准确地判断出股市短期的涨跌，大多数人都不具备这样的能力。如果真有这样的人，肯定已经家喻户晓了。所以凭主观去判断要不要加仓，也许偶尔会成功几次，但长期的成功是无法保证的。

所以，我们才会采用“定投”这种投资方式，摒弃人的主观判断，承认自己“无法准确判断短期市场的涨跌”。选择这种定期投资的方式，是更加稳妥的。

对大多数投资者来说，在一个固定的时间点进行投资，可以避免主观情绪的干扰，反而效果更好。

## 定投就像还房贷

其实仔细想一想，我们定投跟还房贷挺像的。还房贷是一件挺有意思的事情。

### 还房贷的那些事儿

首先，我们每个月到了约定的时间点，就要把钱准备好，用来还款。

其次，虽然房价有涨有跌，但我们不敢推迟还贷款，因为一旦逾期被计入征信系统，后面办理很多事情时都会有麻烦。

但通常来说，我们也不想每个月提前还贷款，因为钱放在自己手上至少还可能有一点儿利息。所以，最好的策略就是每个月在还款日之前，找一个临近的固定时间点来还。

最后，当我们还完贷款之后，手里就拥有一套房子这样的资产了。

可以看出，还房贷其实是一次纪律性很完美的定投。在每个月固定的时间点还贷款，不会滞后，也不会提前。每个月还多少钱也会精心设计好。长期坚持下来，手里就有了一套房子。

### 定投的那些事儿

再来看看我们定投的情况。

首先，每个月到了时间点就进行定投。

其次，我们无法判断股市短期的涨跌，提前定投或者推迟定投都不能保证效果就比到了定投日进行定投更好。所以，最好的策略就是每个月到了自己计划好的定投日，进行定投。

这样长期坚持下来，我们手里就会积累大量的“钱生钱”资产。

### 定投与还房贷的区别

定投和还房贷的模型差不多，都是“聚沙成塔”。但是区别在于：房子这种资产具有使用价值，先把资产给我们使用，后面再慢慢还款。定投则是慢慢投资，逐渐积累起资产。

那么我们需要攒下多少资产，才能实现财务自由呢？

我们下一章再讲。

## 投资者笔记

- 定投就是“定期投入”的意思，把资金定期投入某个品种。
- 能够产生现金流的才是资产，它就是我们的“鹅”，可以源源不断地给我们产生现金流。只要拥有足够多的“鹅”，即使不再工作，我们也可以源源不断地获取现金流，这就是实现财务自由的很好方式。
- 定投，最适合这四类人群：上班族、大忙人、低风险投资者和为未来规划者。
- 对大多数投资者来说，在一个固定的时间点进行投资，这样可以避免主观情绪的干扰，效果更好。

# 第 3 章

## 要多少钱，才能实现财务自由

**我们自己值多少钱**

**延迟退休，你准备好了吗**

**攒多少资产，才能实现财务自由**

**财务自由，不等于什么都不做**

我们在上一章讲过，人力资产也可以产生现金流，那我们就先来算一算，自己值多少钱。

## 我们自己值多少钱

### 人力资产，是每个人最大的一笔资本

我们自己，也是一项可以产生现金流的资产。

古人经常说，养儿防老。在传统社会，没有医疗、养老等保障体系。分散老龄化风险的一个方法，就是多生几个孩子，每个孩子都可以通过劳动获得食品等生活物资，这样自己到年纪大了劳动能力下降的时候，孩子就可以分担自己的养老压力。

孩子在某种意义上，就是一项资产，可以为老年人提供现金流。

到了现代社会，医疗、养老体系已经健全。社会分工明确，绝大部分人都有自己的工作，可以通过劳动来获取工资等现金流收入。这种情况下，我们每个人都是一项可以产生现金流的资产。

比如说一个刚毕业的大学生，他手里可能没有多少钱，但是并不能说他什么资产都没有，因为他本身就是一项资产。他可以去工作赚取工资收入。

对年轻人来说，人力资产是很重要的，可以说是最大的一笔资本。如何去计算人力资产的价值呢?

这里有一个参考。北京市交通事故赔偿标准提到“死亡赔偿

金”：城镇居民死亡赔偿金，按照上一年的人均可支配收入的20倍计算。

比如说2016年北京地区，城镇居民人均可支配收入是57 275元。那2017年，死亡赔偿金就是57 275×20＝1 145 500元。如果一个北京地区的普通成年人不幸在交通事故中死亡，其本身价值就是按这个数字赔偿。

这里的20这个数字挺有意思，它实际上就是投资领域经常提到的市盈率。假设一个人年收入是5万元，那这个人的“市值”就是5万×20＝100万元。国家认为一个人的市盈率平均应该按照20倍计算，这个值挺有参考意义。关于市盈率，在本书后面还会有详细介绍。

大家也可以用这种方法，计算一下自己一份工作的价值。刚开始上班的时候可能工资还不稳定，可以以单位老同事的平均收入为基准。比如说，税后年收入稳定在20万元，如果要一直从事这份工作，那这份工作的价值差不多就是：20万×20＝400万元。

### 稳定工作＝优质的“债券类资产”

一份稳定的工作，本身就是一项优质的“债券类资产”。

比如说有两个人，一个有100万元存款，但是没有工作或者其他现金流收入；另外一个有50万元存款，但是有一份年收入10万元的工作。

前者因为没有现金流收入，其人力资本没有体现，是闲置的，而后者实际上是“50万元的股票资产＋200万元的人力资产”。在不考虑其他因素的情况下，后者的安全感应该会比前者更强。

这也是家长总是期盼孩子能有一份好工作的原因。好工作可以增强人力资产的价值和现金流。

## 如何提升人力资产的价值

那有哪些因素，影响了我们这个人力资产的价值呢？

比较神奇的是，我们自身这项人力资产，是可以凭借主观能动性来提升价值的。

在股票市场或者其他投资领域，我们再怎么努力，也很难凭主观意愿改变某只股票的走势，通常都是投资之后耐心等待。但是我们自身这项人力资产的价值，可以凭借我们的努力去提升。

（1）我们之所以寒窗苦读十几年甚至二十几年，原因在于教育是最好的一笔投资，它可以非常明显地提升我们自身这项人力资产的价值。

1992 年诺贝尔经济学奖获得者加里 · 贝克尔（Gary Becker）教授，是首位把人力看作资产的学者。他很重要的一个理论就是“教育的投资回报率是巨大的，投入时间和金钱提高人的受教育程度是非常值得的”。

通过对美国市场的研究，投资到一个本科学历上的钱，年化收益率达到了 15%！这是考虑了通货膨胀因素之后的真实收益率，比股票、房产等的长期收益率还要高。中国也是如此。

这也是我们要好好学习的原因。学历越高，平均收入越高；学校越好，平均收入越高。不排除个别名校毕业生发展不好，收入不高，但是从整体上来说，这个逻辑是成立的。

美国大学学费那么高，但很多人不惜贷款也要上大学。他们不是傻瓜，是因为他们知道这笔投资的回报率高得惊人，远比大多数资产的回报率要高，自然抢着去投资。

（2）上班后，努力学习、认真工作也可以显著提升收入。

很多单位，如果员工愿意去考取相关证书，培训费、报名费单位都会报销。有了这些证书后评职称会更容易，同样的工龄，收入也会显著提升，带动个人价值的提升。

当然，我们可能发现自己不喜欢正在从事的工作，或者找到更适合自己的工作，这时可以换工作。换工作在现代社会是一件很正常的事情。

一个好的学历、一份好的工作，会大大提升人力资产的长期价值。所以，家长才愿意在孩子的初高中教育上投入重金，考研辅导班、公考国考辅导班才会非常火爆。这真的是有投资价值的。

## 人力资产的风险

但是人力资产也是有风险的。它主要来自两方面：一种是意外风险，人力资产本身会面对各种复杂的情况，特别是遇到一些疾病、意外等风险；另一种是时间风险，我们的劳动能力会随着时间的推移逐渐下降。

不过好在，这两种风险在现代社会都有办法规避。

第一种风险，主要是意外、疾病等导致的。比如说不幸遇到车祸、身染重疾。这种情况下我们无法到岗工作，会对我们的劳动能力产生非常大的影响。

对于这些风险，我们可以依靠保险来化解。例如不幸得了癌症重疾，不仅无法上班获得收入，还需要家庭花费大量的钱去治疗，严重拖累家庭的生活质量。但是如果配置了重疾险，确诊重疾险里所包含的重疾，就可以先行得到一大笔赔付，抵抗这种风险。意外、重疾、医疗开销等风险，都可以通过保险来对冲。不过这些风险也不是每个人都会遇到的。

第二种风险，则是所有人都会遇到的，那就是随时间的推移，我们都会衰老，劳动能力会下降。

二十多岁的时候，我们熬通宵易如反掌，第二天照样生龙活虎地学习工作。但四十多岁的时候，熬一夜就得好几天才能缓过来。到了五六十岁，高强度的工作就无法胜任了。

年纪越大，我们劳动能力越低。与之对应的，是我们的人力资产的现金流，也就是工资，也有可能下滑。

特别是退休之后，退休金相比还在上班时的工资收入，是要打一个折扣的。

不过有退休金和养老金，这还算不错的了。如果是个体户或农民，年纪大了之后可能不仅收入下滑，而且没有足够的退休金和养老金来负担老年生活。

如果人力资产是家庭资产的主力，那我们的家庭就必然会面对这样的风险。

## 如何化解人力资产的时间风险

这是社会和国家的一个大问题。

大多数年轻人需要依靠自己的体力或者努力工作来赚取工资收入，这其实就是把自己这项人力资产运作起来产生现金流。

我们可以利用得到的现金流逐渐配置各种能产生现金流的资产。例如有的人会把工资存入银行，买银行理财产品；有的人会用工资买股票或基金；有的人会多买几套房子，预备养老。不同人的选择不同。

等到积累的资产足够多，这些资产产生的现金流可以覆盖家庭日常生活的开销，我们也就实现财务自由了。

这就是用定投来化解人力资产的时间风险。

这个过程会持续几十年的时间。早期我们的家庭资产中人力资产是主要部分，但随着定投的延续，人力资产产生的现金流就逐步变成其他资产。最终当我们积累了足够多的其他资产，而这些资产产生的现金流足够我们的生活所需时，我们也就可以退休了。如果做好投资的话，这个过程需要的时间会大大缩短。

我们也就明白了为何定投是分批投入的，因为资产产生现金流需要时间。人力资产产生的现金流，也就是工资现金流，通常是定期发放的，所以大部分定投也是定期的。

定投的实质，就是把人力资产定期转化为其他资产。所以只要我们还在工作，还在用人力资产产生现金流，就要面对如何定投的问题。

所以从某种意义上来说，每一个劳动者都需要考虑定投的问题，只不过定投的品种、定投的操作各有不同。

## 延迟退休，你准备好了吗

这两年关于延迟退休有不少新闻，有的官员建议延长退休年龄。

当然，这个提议有很多人反对。但是从另一个角度想一想，退休年龄的延长，其实是必然的。

### 延迟退休，是未来的趋势

如果去日本旅游，我们会看到很多年纪非常大的人还在工作，很多海外的航班上也没有年轻的空姐，更多的是一些年纪较大的空姐。

这跟咱们国内的现状很不一样。国内目前很多退休的人都领着退休金去各地旅游，或是享受天伦之乐。像之前螺丝钉去三亚的时候，就看到在海边休闲散步的大部分都是老年人。

但其实，我们人类的寿命是在不断延长的。过去，60 岁已经是高寿了，但现在 60 岁退休之后，一般人还可以继续生活几十年。

几十年后，70 岁的人身体素质就像现在 60 岁的人一样，人类的平均寿命可能会延长到百岁以上。

如果依靠现有的年轻人的工作，其实是负担不起这么多老年人退休后的需求的。所以延迟退休是未来的趋势，甚至会变成日本那样，很多七八十岁的人还在工作。

我们该如何去应对呢？这其实需要我们先回答这个问题：养老靠什么？

## 农耕时代，养老主要靠儿女

在不同的时期，养老的依靠是不同的。

在农耕时代，养老主要靠子女、靠亲朋。

如果一个人从事的是体力劳动，或者是对身体硬件条件有要求的工作，可能工作到 60 岁就需要退休了。毕竟年龄不饶人，身体素质下降是每个人都需要面对的。

有句老话叫：养儿防老。

在农耕时代，多一个儿子，就是多一份劳动力。这个劳动力，可以通过劳动来种植作物、收获粮食，也算是一种可以产生现金流的资产。

因此，只要多生几个孩子，自己的晚年生活就基本上有保障了。所以农耕时代的人，就是努力劳动、多生孩子，在老年靠孩子来养活自己。

也有的地方养老采用的是宗族制度，即依靠家族亲戚之间互相帮助。直到今天，还有很多地方延续这种方式。

## 现代社会，养老靠的是资产

不过在现代社会，纯粹的体力劳动明显减少，很多人从事的是脑力劳动，那其实 60 岁以上的人还是可以继续工作的。

所以，现代社会养老依靠的是能产生现金流的资产。

比如说“股神”巴菲特，在八九十岁的高龄，仍然每天积极学习投资知识、阅读各种信息，每年股东大会还可以一讲讲一天。

巴菲特的工作并不太依靠体力，更多的是根据投资知识和经验来调配资产，买入低估的、能产生现金流的资产。其绝大多数财富都是60岁之后赚到的。

这是因为投资有很强的复利效应，哪怕是多工作10年，也可以让财富有非常明显的增长。并且后一个10年里积累的财富，可能是上一个10年的很多倍。

不是没有比巴菲特投资收益高的投资者，但是，比巴菲特收益更高，还比巴菲特活得时间更长、工作时间更久的投资者，真是非常稀少。

对巴菲特来说，投资是他的爱好，只要身体条件允许，他会一直工作下去。而且工作对巴菲特来说是一种乐趣，巴菲特说他自己是“跳着踢踏舞来上班”。

不过对大多数人来说，年轻的时候都需要努力工作，依靠自己的体力劳动或者脑力劳动来赚取收入。

这其实是把自己这项人力资产运作起来并产生源源不断的现金流。得到的现金流，我们可以用来配置各种优质的资产，例如社会上优质的股票资产、优质的房地产资产等。

这些资产，可以进一步产生现金流，但这是被动的现金流，不再需要我们辛苦工作就可以获得。等这些能产生被动现金流的资产积累得足够多，且这些被动现金流可以覆盖家庭的支出时，那我们之后的生活就不用太担心了。

### 持有优质资产，是应对延迟退休最好的办法

其实，这也就是财务自由的意义所在。不需要辛苦工作产生现金流，而是通过资产来获得被动现金流，满足自己和家庭的生活所需。同时，还可以选择去做一些自己想做的事情。

即使过了60岁，只要身体条件允许，我们可以继续做自己喜欢

的事情，也有足够的财力来自由选择是不是要一直做下去。

持有优质资产，是应对老龄化和延迟退休的最好方法。

这种情况下，我们变成了时间的朋友，活得越久越有优势。因为资产会以复利的形式增值，时间越长，复利的威力越大。

长期投资，最后往往拼的是谁活得更长。掌握优质资产的投资方法，能让自己有更大的选择空间。

## 攒多少资产，才能实现财务自由

那具体需要多少资产，才能实现财务自由呢？

### 财务自由的 4% 法则

如果依靠退休金和养老金来养老，我们只需认真工作到退休年龄即可。至于退休金和养老金是怎么投资的、现金流如何发放、如何抵御通货膨胀的侵蚀，这些都不需要我们操心，我们只需要做好本职工作即可。

但如果我们想要实现更高质量的财务自由，就得解决一个问题：我们需要攒多少资产才够呢？

这是可以量化出来的。有一个比较通用的方法：4% 法则。

4% 法则是麻省理工学院的学者威廉·班根（William Bengen）在 1994 年提出的理论。通过投资一组资产，每年从退休金中提取不超过 4% 的金额用来支付生活所需，那直到自己去世，退休金都花不完。因为，资产自己会增值。

换句话说，如果一年需要 40 万元的开销，那就需要 40 万元/4% = 1 000 万元。把这 1 000 万元投资到一组资产上，每年提取不超过 4% 的金额，就可以满足一年 40 万元的生活开销，实现财务自由。

所以我们可以先计算一下，我们想要实现什么段位的财务自由，要实现这个段位的财务自由，家庭一年需要多少开销，再反过来推算需要多少资产。

但是这项资产，并不是什么资产都可以，这项资产的长期收益率必须超过 4%，否则不足以支撑每年提取 4% 的金额。另外，这项资产得以能够抵御通货膨胀的资产为主。

## 要赚多少，财富才不会缩水

为什么现代很多中产家庭会缺少安全感呢？原因在于现有的财富可能会受到通货膨胀的侵蚀而缩水。

其实钱的数量本身，不太容易给人带来安全感。因为货币在贬值，并不是说现在一个月赚 2 万元就安全了。

比如说 20 世纪 90 年代的时候，大部分人的月工资不到 1 000 元，如果有一份工作的月工资有 3 000 元，那人们的安全感是十足的。但现在，月收入 3 000 元满足不了大部分人的需求。

同样地，若干年后，人均月工资可能到了 20 万元甚至更高，2 万元又不能满足人们的需求了。一个静态的收入数字是无法给人带来安全感的，因为现金是没有办法抵抗通货膨胀的。

什么是通货膨胀呢？

一些书里会告诉你，通货膨胀率看的是 CPI，也就是居民消费价格指数。这也是一个指数，只不过跟股票指数不同。这是统计我们普通家庭平时购买的居民食品饮料、能源等消费品或者服务项目的市场零售价格的指数。

最近几年，按照国内的统计，CPI 同比增长一年为 2%~3%。也就是说，我们日常生活的居民物价，上涨速度是每年 2%~3%。

按理说，我们投资的收益率，跑赢 CPI 的增长速度，就算是跑赢通货膨胀了。

如果按照上面这个标准，跑赢通货膨胀并不难实现，买点理财产品就可以做到。

不过这个数字，肯定跟大家的实际体验有很大差别。

为什么呢？

这是因为 CPI 可以被看作“必需消费通货膨胀率”。跑赢了 CPI，我们就能够活下去。但是如果想要更好的生活质量，其实需要跑赢的是“可选消费通货膨胀率”。

比如说任何一个社会，优质的教育、医疗等资源的价格增长速度一定是大幅高于 CPI 的。因为整个社会都需要这些资源，大家互相竞争，就会推高这些资源的价格。这些消费的价格增长速度，比 3% 要高不少。

家里有孩子的朋友一定深有感触，因为给孩子的补课费用一年比一年高。虽然学校的学费可能增长并不快，但实际上，培养出一个 985 或者 211 重点学校的本科生，所需要的开销的增长速度是远高于 CPI 的。这些稀缺资源价格的增长速度，通常跟 M2 增速有关系。

M2 是广义货币的量，比如说我们的存款、证券保证金、公积金等，都算是广义货币。M2 的增长速度，代表一个社会广义货币的增长速度。

俗话说，水涨船高，货币供应量增加了，市场上的钱多了，物价也会上涨。涨价很大一部分就是因为货币流入并推高社会稀缺资源的价格上涨。

M2 的增长速度，在十几年前长期保持在两位数。最近几年有所下降，最近三年 M2 的同比增长速度保持在 8%~9% 。

社会上稀缺资源价格的增长速度，通常跟 M2 的增长速度有很大关系。

注意，这里是有很大的关系，但并不是说这些稀缺资源价格的增长速度正好等于 M2 的增长速度。这些稀缺资源，包括优质的学区房、北京或上海等一线城市户口、培养一个重点大学本科生的教育资源等。

例如之前网上流传一个上海地区的“牛娃”培养日记。想要孩子上好大学，就得上好高中；想要上好高中，就得上好小学；想要上好小学，就得上好幼儿园。最后要从孩子出生就开始抓起，甚至有的家长从备孕就开始准备了。

高等教育的成本，远不止学校收取的学费。因为优质教育资源是稀缺的，想要得到它，需要跟社会上其他人竞争。

跟谁竞争呢？

跟社会上更有钱的家庭竞争。这些家庭受益于货币增发，家庭资产增值速度比较快。这样最终会导致稀缺资源价格的增长速度是跟M2 增长速度匹配的，甚至可能要高于 M2 增长速度，而不是跟上面说的与 CPI 增长速度匹配。

我们家庭实际面临的通货膨胀率介于这两者之间，为3%~9%。因为我们的消费是由必需消费和可选消费组成的。日常衣食住行有，教育、医疗等也有，并不纯粹由某一方面来构成。

并且，不同家庭所处的时间段不同，花销的侧重点也不同。比如说年轻的时候，需要养孩子，那我们需要的投资回报率就要更高一些；当退休之后，孩子也长大自立了，自己又没有特殊需求的话，那所需的投资回报率可以低点儿。

通常来说，我们投资长期债券基金，包括理财产品，是可以跑赢CPI 的。债券基金的长期平均收益率在 6% 上下。也就是说，掌握了债券基金的投资技巧，可以保证我们的基本生活质量。但如果想要过上高质量的生活，那么单靠债券基金就不行了，最好是要有收益率能匹配甚至高于 M2 增长速度的资产。

## 哪些资产可以抵抗通货膨胀

什么样的资产可以带来安全感呢？

其实持有优质的可以抵抗通货膨胀的资产，是最容易带来安全感的。例如在一二线城市有很多套没有贷款的房子，有一家盈利不错的公司，或者有一份在大型互联网公司的工作且持有很多股权。我们认真工作，赚取工资现金流然后把这些工资现金流，尽可能多地换成优质的可以抵抗通货膨胀的资产。长此以往，我们手里的优质资产会越来越多，这些资产会帮我们赚钱。最后，我们手里会持有很大比例的资产，即使不靠人力资产赚工资，也可以很好地生活下去，完成从无产者到有产者的过程。

这是让我们的生活过得越来越轻松的好方法：持有优质的可以抵抗通货膨胀的资产。

而可以抗通货膨胀的资产主要有三类：人力资产、房地产、股票资产。

人力资产是可以抗通货膨胀的。比如说 2000 年的时候，城镇居民人均可支配年收入是 6 280 元，平均到一个月是 523 元。到 2017 年，城镇居民人均可支配年收入是 36 396 元，平均到一个月是 3 033 元。人力资产的价值以 10% 左右的年均增速上涨。所以未来高校毕业生的薪酬和期望的薪酬，也是会不断上涨的。当然以上数字只是一个平均值，具体到不同专业和能力的毕业生，差别还是很大的，还是要自己去努力。

人力资产以工资的形式体现。所以最后，要实现高质量的财务自由，需要积累的资产主要就是房地产和股票资产了。

房地产是非标准化的资产，各地区的房地产投资价值、政策各有不同，即使同一城市，不同区域的发展也有很大区别。甚至同一条街上不同小区的房价，10 年里的涨幅可能也会差 2～3 倍。一二线城市和三四线城市房地产投资策略也有很大的差别。比如北京很多二手楼盘还是挺受欢迎的，但是在三四线城市，这种楼盘基本无人问津，因为有大量新楼盘可供挑选。再比如北方有的地区一楼很受欢迎，因为可以带个小院子，但在南方，一楼因为太潮湿反而不好，不能一概而论。

这种非标准化的资产，不在本书的探讨范围内。本书主要以标准化的股票资产，包括股票基金等作为定投的研究对象。这是每位普通投资者都可以平等地接触到的可抵抗通货膨胀的资产。

其实跑赢通货膨胀的方式还有很多种，比如成功创业、提升工资收入的增速。

不过以上方式通常比较难实现，这也不要紧，我们还可以投资低估的指数基金。长期来看，低估指数基金的收益是可以跑赢通货膨胀的。这也是我们做好指数基金定投的一个原因。这本书的目的，也就是帮助大家通过定投来更好地实现高质量的财务自由。

## 财务自由，不等于什么都不做

钉大，我有一笔资金在打理。按照您的方法，我相信10%的收益率的话，该收益会超过我现在工作的收入。目前我对工作的兴趣不大，但对财务自由是真爱，所以打算彻底专注于理财。但是，一旦没有工作，这些理财收益可能就需要被用于生活各种支出了。我感觉有些矛盾，想听听您的意见。

很多人理解的财务自由，是当被动收入满足生活开支后，就什么事都不干了，开开心心地天天玩儿。但是实际上并不是这样。人是一种社交动物，如果没事干，会很空虚的。这跟是不是财务自由没关系，人需要给自己找事情做。

### 财务自由，也要给自己找事情做

螺丝钉离职的时候没有在财务自由的状态，不过提前过了一段离职后的自由时光。刚开始是很爽的，感觉像是放了一个长假，但是过了一两个月之后，就很难受了。

没有工作的朋友，极易与社会脱节，而且没有自制力的话，很容易堕落，生活没有规律。

所以即便是财务自由，也要给自己找事情做。

## 人类需求的 5 个层次

马斯洛（Maslow）把人类的需求分成 5 个层次：生理需求、安全需求、爱和归属感、尊重和自我实现，由较低层次到较高层次依次排列。

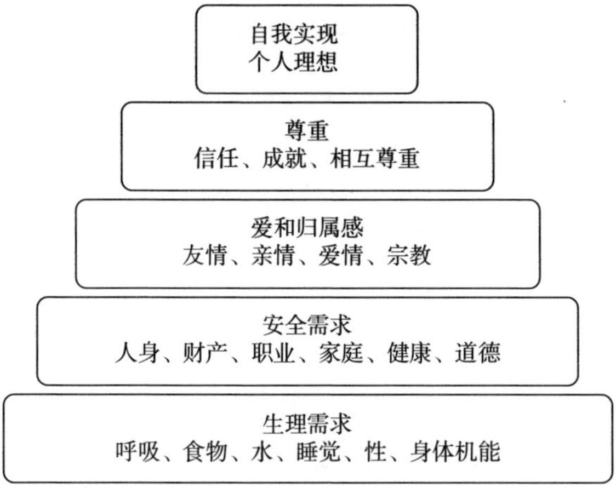


**图 3.1　马斯洛需求层次理论**

吃喝等是基本的生理需求，这是人要活下去所必需的。

安全需求，包括对人身安全、家庭安全、工作稳定、财产安全等的需求。我们追求稳定的工作和家庭生活，就是为了满足安全需求。例如许多中产家庭经常很焦虑，原因在于他们对家庭财产没有安全感，担心其被通货膨胀等因素侵蚀。如果没有实现财务自由，那他们的安全需求是无法被满足的。

爱和归属感，这跟财务状况关系不大，主要来自家人、亲朋、爱人。再有钱的人，也渴望爱情、亲情和友情。很多有钱人的家庭生活一塌糊涂，爱和归属感都没有被满足。

尊重，人需要被社会认可。一些暴发户会在公开场合炫耀自己的财富，其实就是希望自己能够被社会认可。实现财务自由之后，如果不与社会接触，也很难得到别人的尊重和认可。很多志愿者不计报酬地帮助别人，其实也是为了得到别人的尊重和认可。

最后是自我实现。内心有梦想，跟有多少钱没关系。很多成功的企业家已经有巨额的财富、美满的家庭、社会的尊重了，但是他们内心想要做的事情还没做好，他们还会坚持做下去。

对螺丝钉来说，即便未来实现财务自由，也不会停下来什么都不做。让更多人认识到指数基金投资的好处，普及指数基金投资，甚至最后成立属于自己的基金公司，这些都是尊重和自我实现的需求。

### 实现了财务自由，只是完成了人生目标的一小半

实现了财务自由，我们仍然需要去经营好家庭和亲朋的关系，满足爱与归属感的需求，需要去帮助别人，或者被别人需要和认可，满足尊重的需求，需要有一个梦想，满足内心自我实现的需求。

实现了财务自由，只是完成了人生目标的一小半。钱是一个好工具，但不应该是我们内心真实的需求，我们还需要继续挖掘我们的内心，找到真实的自我，看看自己真正想要的是什么。不过，财务自由可以让我们更好地找到真实的自我。

## 投资者笔记

- 对年轻人来说，人力资产是很重要的，可以说是最大的一笔资产。 而一个好的学历、一份好的工作，会大大提升人力资

产的长期价值。

- 定投的实质，就是把人力资产定期转化为其他资产。
- 农耕时代，养老主要靠儿女；现代社会，养老靠的是资产。持有优质资产，是应对老龄化和延迟退休的最好方法。
- 优质的可以抵抗通货膨胀的资产，主要是这三类：人力资产、房地产、股票资产。

# 第 4 章

## 投资必备的基础知识

**银行系理财工具都有哪些**

**基金，最适合普通投资者的工具**

**B类货币基金，长期收益更高**

**如何判断债券基金是否值得投资**

**长期来看，股票基金的收益可以抵抗通货膨胀**

**指数基金，定投的主力**

我们已经明白了定投的含义。定投就是定期把人力资产转换为可以产生现金流的金融资产。当这些资产产生的现金流可以满足我们的日常生活支出，我们就实现了财务自由。这也是定投的目的。

不过，同样是定投，定投不同类型的资产，最后积累财富的效果也会有比较大的差别。

那我们普通投资者在日常生活中，有哪些可以定投的金融资产呢？按照性质，通常可以分为货币、债券、股票三类。

我们可以直接投资这些资产，例如开通股票账户，投资股票，或者直接去货币市场投资。不过不同的投资品种，交易门槛有很大差别。例如，货币市场，可能需要500万元才能进入；股票里的贵州茅台，交易一次就需要七八万元；部分债券，门槛也是比较高的。

所以普通投资者，通常是通过一些间接的金融产品来投资这三类工具。而提供这些工具的，通常是银行、基金公司等机构。

像我们熟悉的银行理财产品、股票基金，都算是间接投资工具。这些间接投资工具的门槛并不高，像大部分基金只需几十元就可以投资。银行理财可能门槛高一些，但也是普通投资者可以接受的。

我们来分别了解一下。

## 银行系理财工具都有哪些

### 银行储蓄，开启理财的第一步

我们用得最多的金融工具，当属银行的金融产品了。几乎每个人都有银行卡，也都用过银行的储蓄产品。

在二十世纪六七十年代，我国的金融市场还不发达，大家并没有投资理财的意识。每个月发到手的钱，很多人习惯用现金的方式存着，甚至会仔细包好，放在隐蔽的地方，需要用的时候再取。

直到银行开始兴起，大家才意识到，原来手里的现金还可以存到银行，不仅更加安全保险，还可以获得利息，愿意接受新事物的人开始尝试把钱存到银行。到九十年代，银行已经被大多数人所接受，很多人把积蓄变成储蓄放在银行里。不过习惯的力量还是非常强大的，一部分人仍然无法接受银行这一新事物，坚持把现金存在家里。所以时不时能看到新闻说某老人家埋在自家后院的现金被老鼠啃食。

后来大家就有了将钱存银行的意识了。因为钱存在银行，还能让钱增加一点。

对任何一家银行来说，储蓄都是银行的根本。银行业也有一句话，“存款立行，贷款兴行”。如何揽储，是银行发展的重中之重。

银行的储蓄产品主要分为活期和定期。其实我们开通银行卡之后，卡里只要有钱，就会自动享受活期储蓄的收益，而定期是需要我们手动开通的。

在定期储蓄中，就有一类，个人零存整取业务，是指储户跟银行签订零存整取协议，储户自己设定一个金额，每个月定期存入一笔资金。中间如果有遗漏，下个月可以补上。如果连续两个月没有补，就被视为违约。零存整取协议就自动解除。

这种零存整取协议，就是一份非常标准的定投计划，只不过是围绕银行产品来的。

零存整取业务，也有一些衍生的品种。教育储蓄就是一个典型，其实它也是以银行储蓄为核心，但是在执行的时候带入了一个具体的应用场景，即为孩子的教育做一个长期的定投。

那这种银行的零存整取业务，收益高吗?

其实银行储蓄无论是活期还是定期，主要是安全稳定，几乎不会亏损，所以收益不会太高。

以 2019 年 2 月 1 日，国内央行基准利率为例。

活期储蓄，利率为 0.35% 。

3 个月定期存款，利率为 1.1% 。

6 个月定期存款，利率为 1.3% 。

1 年定期存款，利率为 1.5% 。

3 年定期存款，利率为 2.75% 。

不同银行可能会在这个基础上有所浮动，例如中小银行的定期存款利率通常会比基准利率高一些，但也高得有限。

虽然收益率不高，但银行储蓄的定投，是许多投资者做的第一笔定投。甚至许多人在上学的时候，就已经开始做基于储蓄的定投了。虽然收益率低，但也是一个完整的定投策略。

### 长远来看，把钱存在银行不划算

长远来看，储蓄无法帮助一个家庭的资产得到较多增值。我们看一下日本储蓄的案例。

日本跟国内有一个非常大的区别，即日本市场是负利率的。

这个负利率并不是说个人存在银行的钱一点儿利息都没有，而是银行机构存在国家银行的一部分资金是负利率的，以此推进银行多放贷、多做业务。刺激经济，是这个政策的初衷。

个人在日本将钱存在银行，还是正利率的。

不过就算有利率，也没多少钱。2015 年，日本活期存款利率从 0.02% 降到了 0.001%，几乎是没有收益的。也就是，存 100 万元，一年利息只有 10 元。

所以在日本，存款是很不划算的事情，几乎跟持有现金没有区别。

中国目前还没到这一步。但是从长期看，储蓄的利率确实是会逐渐降低的。所以仅仅是储蓄，对家庭来说是远远不够的。

不过遗憾的是，国内确实有相当数量的家庭，每个月获得的收入，就是放在银行的活期储蓄里。相当于按月定投活期储蓄。这是一个收益很低的定投。对这些家庭来说，还是要尽早改变观念。

## 银行理财产品的优缺点

除了储蓄产品，银行理财产品也是一类经常接触到的投资品种。

银行理财产品看起来跟定期储蓄很相似，不过也有几个不同的特点：

（1）银行理财产品的门槛比较高。

储蓄类通常门槛比较低，而银行理财产品的门槛要高一些。早期银行理财产品的门槛普遍是 5 万元。后来出台了新规，部分银行理财产品的门槛降到 1 万元。

（2）银行理财产品在特殊时点收益高。

银行理财产品在部分特殊时间点，收益会高一些。例如季末、年中、年末，这些考核的时点。

在这些时点，一方面市场本身资金面可能会紧张一些，另一方面银行也有自己的考核要求，员工也有业务量的要求。所以在这些时点银行理财产品的收益率会比较高，以此来吸引客户投资。

（3）小银行的收益率一般比大银行高。

这个很好理解。规模越大的银行大家越信赖，越不愁客户，获客成本低。小银行如果不提高理财产品的收益率，就很难吸引客户了。

具体哪家银行的收益率高不好确定，有的地方某家银行比较强势，换一个地方就比较弱势，没有统一的排名。一般银行的收益率从低到高可按：国有银行 < 商业银行 < 城商行、农商行 < 信用社，不过风险也是越来越高。

到城商行级别就有一定风险了。城商行往往跟当地机关、国有企业联系紧密，如果这些企业出现问题，城商行还是挺有压力的。不过大城市的城商行，如北京银行、上海银行，风险相对较小。如果本地的城商行不太靠谱，还是从国有银行和商业银行中选择。

大多数人不可能亲自去每家银行了解，可以在网上搜索每家银行最新的存款利率表。一般存款利率高的银行，理财产品的收益率也高。

（4）即使同样的产品，客户在银行的级别不同，获得的收益率也不同。

很多银行会给客户评级，高等级客户可以享受更好的产品，得到更多的信息。

银行内部也会根据客户的资产量，来划分不同的客户级别。高资产量的客户，接触到的理财产品的收益率通常也会更高一些。

不同银行的客户等级升级难度不同，甚至同一家银行不同网点也不同。之前螺丝钉有一张普通卡，某个网点要求存入资金才能升级，而另一个网点没有任何要求就帮我升级了，所以可以多试试。

升级为高等级客户，银行会提供收益率更高的产品、更多的信息、更好的服务。除了收益率高，还会赠送洗车、机场贵宾厅、饭店优惠、航空里程等服务。不过这不是无条件的，一般会要求客户存入一定金额的资金，保留一定的时间。

有的朋友会把钱存在多家银行，其实不如集中优势兵力逐个击破，在一家银行把等级提升起来，这样可以获取更多的权益。

（5）一般期限越长，收益率越高。

银行理财产品是一个资产大类，既有类似货币基金这样随取随用的品种，也有类似定期储蓄这样半年期、一年期的品种。目前，银行销售的理财产品还是主要集中在一年期以下。

随时申购随时赎回的品种，流动性好，适合作为现金替代品，当然收益率也最低。

另外还有以一周、一月、一季度、半年、一年等作为周期的理财产品。随着期限的增长，收益率也会增加。

例如，有 10 万元大约 4 个月后会用到，但不知道确切的日子。我们就可以先购买 3 个月期限的理财产品，再购买 1 个月期限的理财产品，最后换成 7 天期限的理财产品，临近使用的时候换成货币基金。这样可以获取最高的收益。

（6）其他方面的优惠。

其他的一些优惠主要是跟银行的其他产品构成的。

现在银行都讲联动营销，意思就是多个产品一起推广。例如对办理了住房贷款的客户，银行往往再会推荐装修贷这样的消费贷款。

理财产品也是一样。如果在一家银行有大额理财产品，之后在同一家银行办理大额信用卡、银行贷款等都会更容易一些。很多银行卡有不错的活动或优惠，贷款如果利率有优惠也是很不错的。

不过从整体来看，银行理财产品主要投资的是债券类品种，本身的长期收益率在 4% ~ 6%，比银行储蓄的收益率高，但也不会高太多。

银行储蓄和银行理财产品，是我们最常用的银行系理财工具。大部分朋友可能没有买过基金和股票，但是银行储蓄和理财产品应该都接触过。

不过银行储蓄和理财产品都是主要投资债券类品种，安全性不错，但长期收益是比较低的，单靠银行储蓄和理财产品，比较难跑赢通货膨胀。

## 基金，最适合普通投资者的工具

除了银行的金融工具，基金也是我们经常接触到的投资工具。

基金，是一种间接的投资工具。我们把钱交给基金公司，基金公司拿着这些钱，去投资各种资产。如果基金赚了钱，我们也就赚了钱；如果基金亏损，我们也要承担亏损。

简单理解，基金就是一个篮子，里面可以按照预先设定好的规则，装入各种各样资产。这样做的好处是，把一篮子资产分割成若干小份，一小份才几元钱，用较少的资金就可以投资了。这样一来，原来普通人买不起的资产，现在可以通过购买基金的方式投资了。

基金是一类非常庞大的资产，有各种各样不同的形式，最常见的有公募基金、私募基金，养老、社保基金，以及其他的，比如国家主权基金等。这么多的基金种类中，我们普通投资者能投资的、平常接触最多的，就是公募基金了。本书所提到的基金，指的也是公募基金。

### 基金投资的好处

为什么说基金最适合普通投资者呢？主要是基金有如下三大好处。

第一个好处，每一只基金都有专门的基金经理来为我们打理，他们可以帮我们投资一些我们不熟悉的品种，另外，基金也降低我们的投资门槛。

像国内股票有几千只，大多数投资者是不了解这些股票背后的公司的，而基金经理可以帮我们去投资这些股票。

另外，像股票市场和债券市场，进入的资金门槛不同。如果是货币市场这类品种，投资者需要500万元以上的资金才能开始配置，很明显超过了普通人的承受范围。但是不同类型的基金品种，投资门槛差别不大，基本都是几十元起。交易的规则也差不多，大大降低了普通投资者的投资门槛。

第二个好处，基金可以很方便地分散风险。我们都知道，不要把鸡蛋放在同一个篮子里。理论上讲，持有多种不同的资产，可以有效地分散风险，但是这需要我们去选择投资十几只，甚至几十只不同的投资品种才能达到。这对于普通投资者来说还是比较困难的。而基金一般都会投资几十只不同的品种，大大减少了只投资单一品种的风险。

第三个好处，投资基金不需要频繁操作，比较省心省力。大多数投资者都想通过投资实现资产增值，但是我们一般都有自己的正常工作，没法像专业投资者那样拿出大量的时间和精力来专职投资。不过，无论哪种基金，都有基金经理负责维护。我们只需要选对品种，剩下的，基金经理会帮我们完成，比较省心省力。

选择基金进行投资，是很适合我们普通投资者的。因为普通投资者不具备专业投资者的研究能力，也没有时间去做太深入的研究。通过基金去投资，可以节约很多时间成本，也避免了很多风险。所以在全世界范围内，基金都是普通投资者最常用的一类投资工具。

我们通过定投基金，可以自由地搭配出我们想要的投资效果，满足家庭所需。

不过国内的基金总数量可是非常庞大的，加起来有5 000多只。这么多的基金，我们普通投资者是无法一一掌握的。

那么，我们该如何了解基金呢？

## 基金都有哪些分类

基金是一个非常庞杂的资产类别，我们先来谈谈基金的分类。基金有很多种分类的方式。

（1）按照投资方向，基金可以分为：股票基金、债券基金、混合基金、货币基金。

我们可以把基金想象成一个包子，它可以装入各种馅料。

肉包子：股票基金，基金里装的 80% 以上是股票。

素包子：债券基金，基金里装的 80% 以上是债券。

什锦包子：混合基金，股票债券都有，比例比较灵活。

糖包子：货币基金，类似活期储蓄。

我们平时接触到的基金主要就是以上四类。其他各种类型的基金，其实基本都可以被归为这四类。像保本基金，其实就是一种基于保本策略的混合基金；分级基金母基金大多是指数基金，也是股票基金的一种。

（2）按照投资理念，基金可以分为：主动型基金、被动型基金。

有的包子师傅觉得自己凭经验调馅料更好吃，主动型基金就类似这样做出来的包子，基金经理来选股、选债。

有的包子师傅觉得自己每次调馅料，不一定能始终保持高水准。那干脆把做包子的流程全部严格地列出来，做成“包子指南”。怎么选馅料、各放多少都事先规定好。包子师傅只需要按照事先的规定来调馅料做包子就好。这样做出来的包子水准会比较稳定。被动型基金就类似这样做出来的包子。

像我们熟悉的指数基金，就是被动型基金的一种：按照事先规定好的指数规则来选股，基金经理负责维护这个过程。

只要不犯错，A 师傅按照“包子指南”做出来的包子，跟 B 师傅按照“包子指南”做出来的包子，味道会非常相似。

这就像沪深 300 指数，很多基金公司都依照“沪深 300 包子指南”做“沪深 300 包子”，只要基金公司不犯大错，这些包子味道都差不多。

所以，追踪同一指数的指数基金，表现会比较接近。

（3）按照销售渠道，基金可以分为：场内基金、场外基金。

先来说一下基金的销售方式。我们普通投资者，常见的交易基金的方式，主要是两种：申购赎回；买入卖出。

## 什么是申购赎回

直接向包子师傅定包子，师傅拿到钱，就会用这些钱去买原料做包子。客户拿到包子后不想要，可以向师傅退货。这就是申购赎回。

申购基金，实际上就是向基金公司申请购买了新的基金份额；赎回基金，就是向基金公司申请让基金公司赎回我们手里的基金份额，给我们现金。

申购赎回会导致一只基金的总份额数量出现变化。

## 什么是买入卖出

除了直接向包子师傅定包子（申购基金），政府还专门成立了“包子交易市场”。任何人有不想要的包子，可以放在这个市场上卖；想要包子的人，也可以直接在这个市场里买，不必非得从包子师傅那里定。

国内有两个“包子交易市场”：上海证券交易所和深圳证券交易所。很多基金就可以在这两个交易所里买卖交易。

买卖不会导致一只基金的总份额数量出现变化。

所以场内基金和场外基金就比较好区分。

- 场外基金：只能从包子师傅那里定包子（申购基金）。
- 场内基金：可以从包子师傅那里定包子（申购基金），也可以去“包子交易市场”买包子（买入基金）。

不过“包子交易市场”并不是随便进的，需要先开一个股票账户。而且场内基金的申购赎回需要几十万元起，门槛较高。我们一般是通过买卖的方式来获得场内基金的，跟买卖股票一样。

（4）按照募集对象，基金可以分为：公募基金、私募基金。

包子做出来，任何人都可以买来吃，这种是公募基金。

包子做出来，是特供的，只能卖给一小部分符合条件的人，这种是私募基金。

私募基金门槛高，申购私募基金需要 100 万元起。所以我们平时研究的基金，基本都是公募基金。

（5）按照基金是否开放，基金可以分为：开放式基金，封闭式基金。

有的包子师傅接受新的包子订单，订包子的人多，师傅就多包点，订的人少，师傅就少包点。这种是开放式基金。开放式基金可以申购赎回，基金的份额数量会变化。

有的包子师傅并不接受新的包子订单。一开始包了多少，后面就不再包了，也不接受包子退货。如果想得到这个包子师傅的包子，只能去"包子交易市场"买。这种就是封闭式基金。

封闭式基金封闭期不接受申购赎回，基金的份额数量不会变。

早期的时候，国内大多是封闭式基金。不过目前国内的基金还是以开放式基金为主了。我们平时投资的也主要是开放式基金。

虽然基金的分类有很多种，但是对普通投资者来说，最常用的基金主要就是三类：货币基金、债券基金、股票基金。

接下来，我们就来分别了解一下。

## B 类货币基金，长期收益更高

在《指数基金投资指南》这本书里，螺丝钉已经介绍过货币基金的基础知识了[①]，这里不再赘述，只介绍一下基本概念。

---

① 资料来源：银行螺丝钉．指数基金投资指南［M］．北京：中信出版社，2017：245 – 257.

## 什么是货币基金

货币基金是专门投资那些安全又具有很高流动性的货币市场工具的基金。货币市场工具这个名词可能比较拗口，一般来说货币市场工具包括期限小于 1 年的短期国库券、政府公债、大额可转让定期存单、商业本票、银行承兑汇票等。

一般货币市场工具是针对大资金量的投资者开放的，我们普通投资者接触不到。但是这些工具大多具备高安全性、高流动性等特点，非常适合短期资金的打理。所以就有基金公司开发了货币基金这个投资工具，把大家的小资金集中起来，凑成大资金，这样就可以参与货币市场了。这就是货币基金的由来。

## 费率越低的货币基金，越划算

目前，A 股有 400 多只规模 1 亿以上的货币基金可供我们选择。而这么多的基金，费用差别是很大的。

如何挑选货币基金呢？

我们可以从基金的费用方面来考虑。

货币基金有个特点，就是不收取申购赎回费，而其他普通的基金一般是收取的。比如我们在买入基金之后，查看购买明细，就会发现其中有申购费这一项，会从我们买入基金的资金中扣除。

但是，货币基金是不是就没有费用了呢？并不是的。

虽然没有申购赎回费，但是货币基金会收取销售服务费。这个费用，可以认为是替代了申购赎回费的。

除此之外，货币基金也同样收取基金管理费和托管费。

所以，销售服务费 + 管理费 + 托管费，就是货币基金的总费用了。

很明显，费率越低的货币基金，对投资者越划算。

如果统计一下所有的货币基金的总费率（管理费率、托管费率、销售服务费率相加），总费率最高的货币基金，是 0.7%/年，而总费用最低的基金，是 0.2%~0.25%/年。相差了足足有 3 倍的费用。

所以，我们挑选货币基金的时候，有一个非常重要的技巧，就是要选长期费率最低的，总费率最好控制在 0.3% 以下。这样的货币基金，长期收益更有优势。

那么，哪些货币基金的费用是比较低的呢？

有一类货币基金，叫 B 类货币基金，这类基金大多费用比较低。可为什么没有普及开呢？原因是这类货币基金的投资门槛一般很高，500 万元起投。主要对象是机构投资者。普通投资者中，能拿出 500 万元投资货币基金的朋友，还是少数。

不过，目前还是有一些少量的 B 类货币基金降低了门槛，只需要几百元就可以投资了。这对于普通投资者来说，是一个很好的选择。

费率低了，收益自然就高了。

这里列举几只费率比较低的货币基金。

南方天天利货币 B　代码：003474，总费率为 0.21%
博时合惠货币 B　代码：004137，总费率为 0.21%
建信天添益货币 A　代码：003391，总费率为 0.23%
华泰柏瑞天添宝 B　代码：003871，总费率为 0.24%
鹏华安盈宝货币　代码：000905，总费率为 0.25%

作为对比，A 股货币基金总费率平均值是 0.47%。

假设我们要投资 10 万元货币基金。如果投资的是低费率的 B 类货币基金，比如费率为 0.21%，那我们一年的总费用为 210 元。

同样是投资 10 万元货币基金，但如果投资的是一般的货币基金，如前所述，平均总费率为 0.47%，那么一年下来，总费用为 470 元。

可以非常直观地看到，同样是投资 10 万元，费率低的货币基金，每年都可以节省下 260 元，投资时间越长，节省的越多。

所以，掌握了货币基金的投资技巧，可以帮我们轻轻松松就节约下一大笔钱，从而获得更好的长期收益。

这就是货币基金。货币基金的投资特点是：几乎不会亏损，买卖方便，长期收益较低，适合打理短期零钱。

## 如何判断债券基金是否值得投资

关于债券基金的基础知识，在《指数基金投资指南》这本书里，螺丝钉也已经介绍过了①，这里只介绍一下基本概念。

### 什么是债券基金

债券基金是以债券为主要投资对象的基金，它主要投资的是国债、金融债、企业债等固定收益类金融工具。

上一小节我们介绍了货币基金，其实货币基金也是可以投资债券的，不过要求剩余期限在 397 天以内。而债券基金并没有这个限制，它可以投资超过 397 天的债券。从这个角度来看，货币基金和债券基金有一些类似，只不过货币基金主要针对短期品种，债券基金会考虑稍长期的品种。另外，货币基金一般没有申购赎回费用，而债券基金是有申购赎回费用的。

债券又被称为“固定收益品种”。从这个定位也可以看出，债券基金主要追求当期比较固定的收入，相对于股票基金来说增值潜力低

① 资料来源：银行螺丝钉．指数基金投资指南［M］．北京：中信出版社，2017：256－262.

一些，适合不愿承担更多风险的投资者。同时，债券基金投资品种的期限比货币基金更长，收益也会比货币基金高一些。

如果把货币基金比成现金的替代品，那债券基金更像是定期存款的替代品，只不过相比定期存款，债券基金不承诺收益，也没有明确的期限。

债券基金这个品种里，我们主要考虑的是纯债基金，也就是单纯投资债券的基金。

纯债债基主要有如下两类。

一是短期债基，可以看作货币基金的增强版。

短期债券基金在定位上与货币基金重合度比较高，但投资范围比货币基金更广，可以看作货币基金的加强版。不过货币基金这几年发展非常迅速，所以短期债券基金品种就相对少一些，目前只能通过场外渠道购买。

二是中长期债基。

中长期债券基金场内场外都有。场内的长期债券基金品种不多，主要是追踪国债指数和城投债指数的债券指数基金。

场外的长期债券基金，可选面就比较广了。各家基金公司基本都有历史业绩好、表现又比较稳定的长期债券基金。债券基金同质化也比较高，不像股票基金差别那么大，我们可以根据自己的需求选择。

### 投资债券基金有什么风险

债券基金的风险比货币基金要高一些，而导致债券基金风险波动的最主要原因是利率。

债券的价格和市场的利率是反相关的。如果市场利率下降，债券的价格会上升，这时债券基金的回报会更好；如果市场利率上升，债券的价格会下降，这时债券基金的回报会变差。

其实很好理解，假如以 100 元的价格买入一只 10 年期国债，每年可以获得3%的利息。结果，现在市场利率上升到4%，那你肯定就不会选这只3%利息的债券了，这只债券的吸引力就下降了，价格就会下跌，直到收益率重回4%，该债券才会重新具备吸引力。

一般来说：加息周期，利率上升，债券基金表现不会太好；降息周期，利率下降，债券基金则会表现不错。

不过，不同的债券基金，受利率影响的程度也不同，其中最重要的一个因素是债券的平均久期。久期可以理解成债券基金持有的债券平均到期时间，短期债基、长期债基，其实说的就是久期了。

假如利率变动1%，比起短期债基，长期债基受到的影响要更大，跌幅或涨幅都要更高。

比起指数基金，投资债券基金要简单得多，只需要记住以下两点。

- 利率低位选短期债基，利率高位选长期债基。
- 选好品种后，出现浮亏可以加仓拉低成本。

那么，问题来了，未来利率会如何变动？

我们不知道利率未来的走势，但我们可以判断当前利率所处的位置。

如果利率处于历史走势的底部，那未来的下降空间就不大，但有较大的上升空间。如果利率处于历史走势的顶部，则有很大的下降空间。

过去十几年，十年期国债利率的中位数是3%~3.5%。以这个作为标准，当利率低于3%的时候，也就是利率处于低位的时候，螺丝钉建议大家选择短期债券基金，或者干脆直接选择货币基金。当利率高于3.5%的时候，螺丝钉建议大家选择长期债券基金。

关于十年期国债收益率每日的数据，螺丝钉也会在自己的公众号“银行螺丝钉”每日发布的估值表里提供。本书后面章节也有介绍。

一般来说，债券基金的投资风险不高，但在持有过程中收益也是很有可能下跌的。市场利率变化是有周期性的，不会一直上升或下降，波动周期也是比较短的，3～4 年一轮。如果我们持有的债券基金出现了账面浮亏的情况，可以通过加仓把成本降下来。用这种方式，投资债券基金就很容易赚到钱了。

### 长期来看，股票基金的收益可以抵抗通货膨胀

股票基金，就是基金里有 80% 以上的比例投资于股票，这里说的股票，一般指的是上市公司的股票。

股票基金的风险在三大类基金里是最大的，像 2015 年的股灾，国内股市出现大幅下跌，很多股票基金的净值也大幅下跌。如果在高点的时候入市，不仅不能赚钱，还要亏很多钱。不过虽然风险大，但是股票基金的长期收益是这三种基金中最高的。

### 货币基金、债券基金和股票基金的特点

货币基金、债券基金和股票基金，是我们最常用的三类基金品种。

其中，货币基金是大家最熟悉的。它可以用来代替银行储蓄，本身也可以比较灵活地随取随用，安全性也不错，跟银行储蓄相比，更加灵活，收益也通常要更高一些。

债券基金定位跟银行理财产品是比较接近的。实际上很多银行理财产品，背后投资的就是债券基金。

理财产品和债券基金的区别在哪里呢？对投资者来说，可能最直观的一个区别，在于收益上。

理财产品通常不会提供每天的波动，而是有一个明确的到期时

间。到期后给投资者支付本金和利息。投资者持有理财产品的时候，看不到自己账面资产有什么变化，不会有亏损的感觉。而债券基金，本身每天会涨涨跌跌，所以在投资债券基金的时候，可能某一段时间里，投资者的账面是显示亏损的。部分投资者无法接受这一点。

所以从市场接受程度上来看，投资者对银行理财产品的接受程度是更高的。

最后是股票基金，目前银行系的金融产品，很少有提供纯股票的投资品种。所以想要定投的话，主要是定投基金系产品里的股票基金。

所以可做如下总结。

货币类工具：银行储蓄和货币基金。货币基金相对更合适，收益也会更高一些。

债券类工具：银行理财产品和债券基金。这两类的投资收益不相上下，但大部分银行理财产品在持有的时候看不到波动浮亏，投资者可能会更心安一些。

股票类工具：主要投资股票的产品，目前主要是股票基金。部分银行理财产品，也会投资一些股票，但是配置股票的比例会比较低。所以股票类工具，我们主要从基金中挑选。

## 哪类基金收益率最高

那么问题来了，这三类工具的收益情况如何呢？哪一类工具可以帮助我们跑赢通货膨胀呢？

其实很多金融专家已经做过了详细的研究。根据《股市长线法宝》的作者西格尔教授对200多年的美国金融市场的统计，股票是长期投资中收益最高的资产，其次是企业债券和短期国债，而且任何债券都无法长期跑赢通货膨胀，只有股票可以长期跑赢通货膨胀。

如图2.1所示，如果投资1美元到美国股市，200多年后，会变成704 997美元，是的，70 多万美元。但是如果投资长期债券，只会变成 1 778 美元，投资短期债券，为 281 美元，投资黄金，只有 4.52 美元。

像黄金这种无法产生现金流的资产，长期收益甚至比国债更低。100 多年前，5 两黄金可以买下北京的一套四合院，而 100 多年后，5 两黄金只能买下北京四环里不到 2 平方米的房子，远远跑输通货膨胀。同一时间里，美国股市从 40 多点上涨到 17 700 多点，上涨了 400 多倍。

这里，股票的长期收益是跑赢了美国的通货膨胀的。长期债券的收益略微跑赢了同期的通货膨胀，但是幅度并不大。短期债券，类似货币市场工具，是跑输了通货膨胀的。

那在国内是不是也有类似的情况呢?

货币基金、债券基金和股票基金，可以分别代表货币工具、债券工具和股票工具。

如图 4.1 所示，从 2004 年到 2017 年，国内所有货币基金的平均年化收益率是 2.56%，所有债券基金的平均年化收益率是 6%，所有股票基金的平均年化收益率是 14.11%。

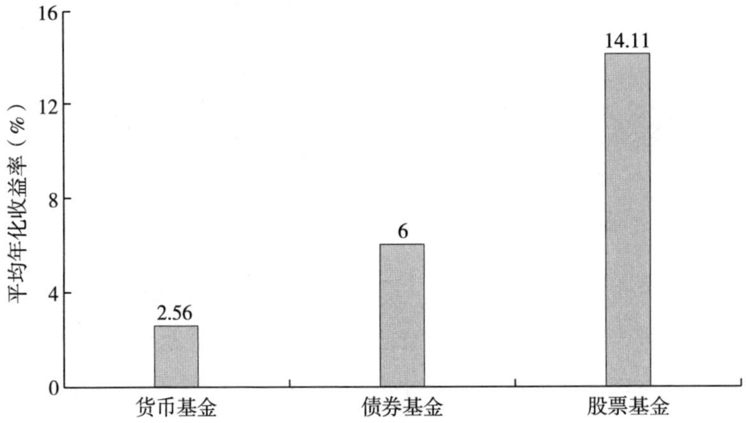


**图 4.1　2004—2017 年，我国所有货币基金、债券基金、股票基金的平均年化收益率**

从货币基金到债券基金，再到股票基金，它们的年化收益率一个比一个高。长期收益率最高的股票基金，可以帮助我们抵御通货膨胀的侵蚀。

这个特征，跟美国市场这三类资产的特征也是吻合的。

不过，我们投资的时候，不能只看收益情况，还得看投资中要面对的风险。这里的风险，说的主要是持有过程中的波动风险。

虽然从长期来看这三类资产的收益都是上涨的，但是在持有过程中，可能短期会有波动，导致基金的收益出现下跌。

回顾国内这三类基金十几年的收益历史，如图 4.2 所示，我们会发现，货币基金从整体来看，几乎没有下跌。它本身波动风险很小，几乎每天都是上涨的。所以货币基金适合用来打理短期不用的零钱，随取随用，也不用太担心风险。

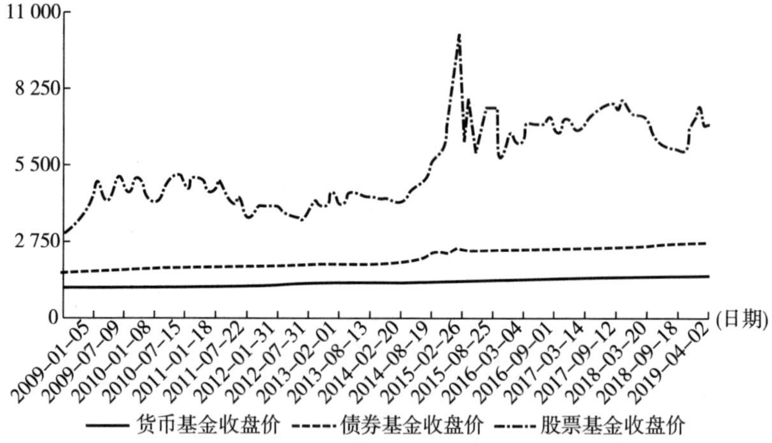


**图 4.2　货币基金、债券基金、股票基金的收盘价**

债券基金长期收益比货币基金高，但是它有波动风险。债券基金在持有过程中，可能会出现百分之十几的波动。也就是说，在最差的情况下，可能会短期有百分之十几的浮亏。不过随着投资时间拉长，债券基金也是可以盈利的。

而股票基金的长期收益是这三类基金中最高的，但是波动风险也是这三类基金中最高的。股票基金在持有过程中，可能会出现高达 50% 的波动风险。如果投资者不懂得股票基金的投资技巧，可能会出现超过 50% 的浮亏。高风险、高收益，是股票基金的特点。

但是长期看，能帮助我们抵抗通货膨胀的，也是股票基金。

所以，我们做定投的操作，把人力资产定期转换为金融资产，里面必须要有一部分是配置到股票资产上。而股票基金，就是很好的定投工具。

但是股票基金的品种非常多，哪一种适合作为我们定投的主力呢？

## 指数基金，定投的主力

在股票基金中，有两类区别很大的投资品种。一类是主动型股票基金，一类是被动型股票基金。

这里的主动和被动，主要是指基金经理是否主动参与股票的选股和买卖决策。

如果一只股票基金，是基金经理来选择股票，并且决定股票的买入卖出，这种类型的股票基金是主动基金。投资收益取决于基金经理的投资能力。

如果一只股票基金，其基金经理不参与选股，而是根据某一个既定的规则来挑选股票、买入卖出，这种类型的股票基金是被动基金。被动基金的典型代表，就是指数基金。

指数基金是参考指数来挑选股票、买入卖出的。指数本身有事先制定好的选股规则。

简单来说，买主动基金，就是挑人。看好并认可某位基金经理的投资能力，投资其管理的产品。这位基金经理如果跳槽或者更换了自己的产品，通常投资者也会追随他，更换为他管理的基金产品。而买指数基金，则是挑指数。看好并认可某个指数的投资价值。

在定投的时候，我们该选择哪一类股票基金入手呢？

当然是指数基金了。

## 巴菲特为什么建议普通投资者投资指数基金

我们可以听一下“股神”巴菲特的意见。

巴菲特是著名的投资大师，个人资产长期排名在全球富豪榜前几位。巴菲特从学徒起家，在几十年里获取了上万倍的资产增值。

有非常多的人向巴菲特请教投资秘诀，但巴菲特在公开场合只推荐过一个品种：指数基金。

事实上，巴菲特几乎每年都会向普通投资者推荐指数基金。

早在 1993 年，巴菲特就第一次推荐指数基金。

> 通过定投指数基金，一个什么都不懂的业余投资者，往往能够战胜大部分专业投资者。

到 2007 年，巴菲特再次推荐指数基金。

> 对于绝大多数没有时间进行充分个股调研的中小投资者，成本低廉的指数基金或许是他们投资股市的最佳选择。

也是在 2007 年，巴菲特还发起了一个著名的赌局：由对冲基金的基金经理挑选主动基金组合，自己挑选标普 500 指数基金，看未来 10 年哪个收益更高。

到 2016 年年底，标普 500 指数基金的年复合收益率为 7.1% ，同期由基金经理挑选的基金组合的收益率只有 2.2% 。很明显，在 10 年赌约到期之前，巴菲特就赢得了这个赌局。

在对赌开始之前，巴菲特就知道自己必赢无疑。他说：

我经常推荐的就是低成本的标普 500 指数基金，但是只有极少数谦虚的朋友才会相信我的话。

2014 年的时候，巴菲特还立下遗嘱：

如果我过世，我名下 90% 的现金将让托管人购买指数基金。

为什么巴菲特这么推崇指数基金呢？

## 指数基金的三大好处

巴菲特如此青睐指数基金，它一定有过人之处。实际上，指数基金有三大优势，还可以规避三大风险。

第一大优势，指数基金能够长生不老。

举个例子，美国最知名的指数之一是道琼斯指数，它诞生于 100 多年前。最初道琼斯指数有 20 只成份股，从 100 点起步。结果 100 多年过去了，道琼斯指数从 100 点慢慢涨到了今天的两万多点。而最初的 20 只成份股背后的公司一家家衰落，并有新的公司被替换进来。到今天，唯一存活的只有一家通用电气。

因为没有一家公司可以长生不老，但是指数基金可以通过吸收新公司、替换老公司的方法，长生不老。理论上指数的寿命与国家政府的寿命等同。这种新陈代谢带来的永续能力，是个股不具备的。

第二大优势，能够长期上涨。

比如说，道琼斯指数从最初的 100 点上涨到了现在的两万多点。我们平时总说中国股市不好，但实际上中国股市的平均收益是非常不错的。衡量上海证券交易所平均股价的上证综指，从 1991 年年初的 100 点，上涨到了今天的 2 000 多点，年化收益率也达到了 15% 左右。

巴菲特也提到，买指数基金就是买国运。只要相信国家能继续发展，指数基金就能长期上涨，我们就能分享国家经济增长的收益。

第三大优势，费用低廉。

每一只基金都会收取基金管理费和托管费，这是基金公司重要的收入来源，每一只基金都会有这些费用。这些费用是在后台收取的，我们并不能直接看到，但每年都会收取一次。不同的基金管理费和托管费并不一样。

像指数基金，一般会收取每年0.6%~0.8%的费率，而普通的股票基金，会收取1.2%~2%的费率。这个意味着什么呢？假如我们买1万元的指数基金，一年要交60~80元的费用；如果买1万元的普通股票基金，一年要交120~200元的费用。长期下来，差距还是很大的。

## 指数基金可以避免三大类风险

另外，相比于一般的股票和股票基金，指数基金可以避免三大类风险。

第一类风险，是个股“黑天鹅”风险。像这种无法预料的风险，在指数基金中几乎不会出现。因为指数基金包括几十甚至上百只股票，单只股票出现问题并没有多少影响。而且，指数基金还会根据公司的经营情况及时调整，去除经营不好的公司，换进经营好的公司，进一步减少了这种无法预料的风险。

第二类风险，是本金永久损失的风险。个股可能会遇到企业经营上的问题，导致个股破产倒闭，投资者血本无归。但指数基金即使下跌也会有限度，不会跌没。这种特性帮我们规避了本金永久损失的风险。

第三类风险，是制度风险。指数基金是按照指数来选股，而指数的规则是早就确立好了的，任何人都可以查询、监督。所以指数基金不会有“老鼠仓”、利益输送等情况出现。

关于指数基金的好处，以及更详细、更深入的知识，大家可以通过阅读《指数基金投资指南》这本书获得。

## 投资者笔记

- 基金，是最适合普通投资者的工具。
- 按照投资方向，基金可以分为：股票基金、债券基金、混合基金、货币基金。 其中能帮助我们抵御通货膨胀的，主要是股票基金。
- 股票基金中，最适合普通投资者的是指数基金。
- 指数基金有三个独特的好处：长生不老，长期上涨，费率低廉，因此它是我们定投的主力。

# 第5章

# 常见的宽基指数有哪些

**指数的分类方式**

**A股常见的宽基指数：沪深300、中证500和创业板指数**

**港股常见的宽基指数：恒生指数、H股指数和香港中小指数**

**美股常见的宽基指数：纳斯达克100指数、标普500指数**

我们已经知道了，指数基金有很多好处，可是市面上的指数基金这么多，不可能全部都投资了，那哪些品种适合长期定投呢？

在接下来的几章，我们就来了解一下。

## 指数的分类方式

常见指数有哪些呢？指数有两种主要的分类方式。

### 宽基指数和行业指数

有的指数在挑选股票的时候，并不限制投资哪些行业，但有的指数在挑选股票的时候，会要求只投资哪些行业的股票。

例如消费行业指数，就要求主要投资消费行业的公司，这种指数就是行业指数。而像沪深 300 指数，它在挑选股票的时候，并不限制行业，这种就是宽基指数。

为何要这样区分呢？因为行业指数受行业特性的影响非常大。例如，当油价大幅下跌的时候，石油开采行业的盈利就会大幅下滑，因为开采出来的石油卖不出好价格，对石油行业指数也就影响较大。但油价下跌对沪深 300 这种宽基指数的影响就比较小。

通常对普通投资者来说，开始投资指数基金的时候，是优先从宽基指数基金开始入手，因为这类品种相对更容易分析和理解，而行业指数基金，需要对行业有一定程度的了解，才能做好投资。

## 市值加权和策略加权

什么是市值加权？什么是策略加权？

市值加权比较好理解，就是股票规模越大，权重越高。

例如一个指数包含 50 只股票，总市值 2 万亿元，其中有一只市值1 000亿元，另一只 800 亿元。那 1 000 亿元市值的股票，在这个指数中占比就是 5%；而 800 亿元的股票，在这个指数中占比就是 4%。这个 4%、5% 就是权重，这就是市值加权。

而策略加权，则是按照别的方式来决定个股权重，也被称为 Smart-Beta（聪明贝塔）指数。

例如红利指数，就是按照股息率来决定权重，哪只股票的股息率越高，这只股票的权重就越大。所以有的股票市值规模虽然小，但股息率高，它反而可能在红利指数中的占比更高一些。

目前从全世界范围来看，市值加权指数基金是主流，策略加权指数基金发展得晚一些，但是其品种数量和规模增长速度比市值加权指数基金更高一些。很多策略加权指数基金的长期收益也比市值加权指数基金要好。而且根据投资策略的不同，策略加权指数基金在牛熊市的表现也会有差别。

有的策略加权指数基金，在牛市涨得更多；有的策略加权指数基金，熊市跌得更少。结合不同的策略加权指数基金的特点，可以更好地帮助我们投资。

其实指数的数量是很多的，国内所有指数的数量不亚于股票的数量。一本书也不可能一一都介绍。但是在这么多的指数中，已经被开发成指数基金产品的，并不是太多。

我们掌握最核心的、最常用的指数基金品种，就足够我们做出定投计划了。所以本书这一章节，只介绍几种我们最常用到的指数，以及其对应的指数基金产品。

关于更多指数的介绍，以及其对应的指数基金的详情，可以阅读《指数基金投资指南》一书获得。

## A 股常见的宽基指数：沪深 300、中证 500 和创业板指数

### 沪深 300 指数：国内最具代表性的指数

#### 指数简介

沪深 300 指数是由中证指数公司开发的，从上海证券交易所和深圳证券交易所挑选规模最大、流动性最好的 300 只股票组成的。

其实指数的命名规则还挺有意思的，一般名称里的数字是多少，就代表会挑选多少只股票。比如说上证 50，就包含了 50 只股票；沪深 300，就包含了 300 只股票。

从市值规模上来看，沪深 300 指数的股票占国内股市全部规模的 60% 以上，很有代表性了。在沪深 300 指数中，规模最小的公司的市值也在百亿元以上。

如果说哪个指数最能代表 A 股的综合表现，那无疑就是沪深 300 指数了。我们只需要看一下沪深 300 指数，就能知道国内股市规模最大的 300 只股票今天整体是涨了还是跌了。

沪深 300 指数的代码有两个：000300 和 399300。这是因为沪深 300 指数同时包括上海和深圳两个证券交易所的股票，所以沪深 300 指数在上海证券交易所的代码是 000300，在深圳证券交易所的代码是 399300。这两个代码其实都是代表沪深 300 指数的。

沪深 300 指数，是在 2004 年 12 月 31 日从 1 000 点开始起步的。

## 对应指数基金

沪深300指数的影响力巨大，几乎每一家大型基金公司都有针对沪深300指数推出的指数基金，目前市面上的沪深300指数基金多达几十只，这里列举部分有代表性的沪深300指数基金品种，如表5.1所示（相关数据是到2019年一季度的数据，如无特殊说明，下同）。

**表5.1　部分沪深300指数基金**

| 基金简称 | 基金代码 | 管理费率（%） | 基金规模（亿元） | 成立年限（年） | 场内/场外 |
|---|---|---|---|---|---|
| 易方达沪深300发起式ETF联接A | 110020 | 0.15 | 48.58 | 9.8 | 场外 |
| 易方达沪深300发起式ETF | 510310 | 0.15 | 49.54 | 6.2 | 场内 |
| 华夏沪深300ETF联接A | 000051 | 0.50 | 119.39 | 9.9 | 场外 |
| 国寿安保沪深300ETF联接 | 000613 | 0.50 | 5.23 | 5.0 | 场外 |
| 前海开源沪深300指数 | 000656 | 0.50 | 0.13 | 4.9 | 场外 |
| 天弘沪深300指数A | 000961 | 0.50 | 19.22 | 4.3 | 场外 |
| 广发沪深300ETF联接C | 002987 | 0.50 | 6.57 | 2.9 | 场外 |
| 中金沪深300A | 003015 | 0.50 | 0.18 | 2.8 | 场外 |
| 中金沪深300C | 003579 | 0.50 | 0.02 | 2.5 | 场外 |
| 南方沪深300ETF联接C | 004342 | 0.50 | 0.16 | 2.2 | 场外 |
| 平安300ETF联接A | 005639 | 0.50 | 3.21 | 1.1 | 场外 |
| 平安300ETF联接C | 005640 | 0.50 | 4.99 | 1.1 | 场外 |
| 华夏沪深300ETF联接C | 005658 | 0.50 | 9.83 | 1.3 | 场外 |
| 国泰沪深300指数C | 005867 | 0.50 | 0.10 | 1.1 | 场外 |
| 天弘沪深300指数C | 005918 | 0.50 | 1.76 | 1.1 | 场外 |
| 华泰柏瑞沪深300ETF联接C | 006131 | 0.50 | 3.21 | 0.9 | 场外 |
| 国泰沪深300指数A | 020011 | 0.50 | 20.37 | 11.5 | 场外 |
| 嘉实沪深300ETF | 159919 | 0.50 | 187.43 | 7.1 | 场内 |
| 南方沪深300ETF | 159925 | 0.50 | 11.50 | 6.3 | 场内 |

续表

| 基金简称 | 基金代码 | 管理费率（%） | 基金规模（亿元） | 成立年限（年） | 场内/场外 |
| --- | --- | --- | --- | --- | --- |
| 嘉实沪深 300ETF 联接（LOF）A | 160706 | 0.50 | 168.77 | 13.7 | 场内/场外 |
| 嘉实沪深 300ETF 联接（LOF）C | 160724 | 0.50 | 0.05 | 0.8 | 场内/场外 |
| 东吴沪深 300A | 165806 | 0.50 | 0.05 | 7.2 | 场外 |
| 东吴沪深 300C | 165810 | 0.50 | 0.001 | 0.9 | 场外 |
| 南方沪深 300ETF 联接 A | 202015 | 0.50 | 9.92 | 10.2 | 场外 |
| 广发沪深 300ETF 联接 A | 270010 | 0.50 | 17.17 | 10.4 | 场外 |
| 华泰柏瑞沪深 300ETF 联接 A | 460300 | 0.50 | 5.05 | 7.0 | 场外 |
| 工银沪深 300 指数 A | 481009 | 0.50 | 36.27 | 10.2 | 场外 |
| 汇添富沪深 300 指数（LOF）A | 501043 | 0.50 | 0.70 | 1.7 | 场内/场外 |
| 汇添富沪深 300 指数（LOF）C | 501045 | 0.50 | 0.36 | 1.7 | 场内/场外 |
| 华泰柏瑞沪深 300ETF | 510300 | 0.50 | 332.99 | 7.1 | 场内 |
| 华夏沪深 300ETF | 510330 | 0.50 | 228.10 | 6.4 | 场内 |
| 广发沪深 300ETF | 510360 | 0.50 | 22.10 | 3.8 | 场内 |
| 国寿安保沪深 300ETF | 510380 | 0.50 | 5.62 | 1.3 | 场内 |
| 平安沪深 300ETF | 510390 | 0.50 | 42.98 | 1.4 | 场内 |
| 富荣沪深 300 指数增强 A | 004788 | 0.60 | 0.001 | 1.3 | 场外 |
| 富荣沪深 300 指数增强 C | 004789 | 0.60 | 0.13 | 1.3 | 场外 |
| 农银沪深 300 指数 C | 005152 | 0.60 | 0.000 1 | 1.2 | 场外 |
| 农银沪深 300 指数 A | 660008 | 0.60 | 6.95 | 8.1 | 场外 |
| 前海联合沪深 300 指数 A | 003475 | 0.65 | 0.46 | 2.5 | 场外 |
| 泰达宏利沪深 300 指数增强 C | 003548 | 0.65 | 0.01 | 2.3 | 场外 |
| 泰达宏利沪深 300 指数增强 A | 162213 | 0.65 | 1.71 | 9.1 | 场外 |
| 鹏华沪深 300 指数（LOF）A | 160615 | 0.75 | 3.14 | 10.1 | 场内/场外 |
| 长盛沪深 300 指数（LOF） | 160807 | 0.75 | 0.40 | 8.8 | 场内/场外 |
| 建信沪深 300 指数（LOF） | 165309 | 0.75 | 4.92 | 9.6 | 场内/场外 |
| 大成沪深 300 指数 A | 519300 | 0.75 | 15.98 | 13.1 | 场外 |

续表

| 基金简称 | 基金代码 | 管理费率（%） | 基金规模（亿元） | 成立年限（年） | 场内/场外 |
|---|---|---|---|---|---|
| 创金合信沪深300指数增强A | 002310 | 0.80 | 0.73 | 3.4 | 场外 |
| 创金合信沪深300指数增强C | 002315 | 0.80 | 1.96 | 3.4 | 场外 |
| 安信量化精选沪深300指数增强A | 003957 | 0.80 | 0.004 | 2.2 | 场外 |
| 安信量化精选沪深300指数增强C | 003958 | 0.80 | 0.74 | 2.2 | 场外 |
| 易方达沪深300量化增强 | 110030 | 0.80 | 9.85 | 6.9 | 场外 |
| 兴全沪深300指数（LOF）A | 163407 | 0.80 | 20.24 | 8.6 | 场内/场外 |
| 西部利得沪深300指数增强A | 673100 | 0.80 | 0.17 | 2.2 | 场外 |
| 国富沪深300指数增强 | 450008 | 0.85 | 1.26 | 9.7 | 场外 |
| 国泰沪深300指数增强A | 000512 | 0.90 | 0.29 | 5.0 | 场外 |
| 国泰沪深300指数增强C | 002063 | 0.90 | 0.20 | 3.5 | 场外 |
| 博时沪深300指数C | 002385 | 0.98 | 2.77 | 3.3 | 场外 |
| 博时沪深300指数A | 050002 | 0.98 | 54.08 | 15.8 | 场外 |
| 长城久泰沪深300指数A | 200002 | 0.98 | 7.19 | 15.0 | 场外 |

资料来源：Choice金融终端。

这么多指数基金可怎么选呢？

说实话，由于大家追踪的都是同一个指数，而成份股的挑选规则都一样，所以高度雷同。由此可见，指数基金具有明显的先发优势，也就是说，早期推出的沪深300指数基金，规模比后期推出的基金规模要大。

螺丝钉建议大家挑选沪深300指数基金时，遵循两个思路：第一个是寻找费用最低、误差最小的品种，这样的品种与指数的走势最接近；第二个是寻找有特色的增强型指数基金。不过，目前增强型指数基金的增强操作一般都不公开，后续能否长期保证增强收益也不确定，相比普通的指数基金还是有一定风险的。

## 中证 500 指数：最容易获得超额收益的指数

### 指数简介

中证 500 指数是由中证指数公司开发的，将沪深 300 指数的 300 家公司排除，再将最近一年日均总市值排名前 300 名的企业也排除，然后在剩下的公司中，选择日均总市值排名前 500 名的企业组成的。

从定位上来看，中证 500 指数以中型上市公司为主，与沪深 300 指数的股票没有任何重合。

中证 500 指数是从 2004 年 12 月 31 日 1 000 点开始的，它也有两个代码：在上海证券交易所的代码是 000905，在深圳证券交易所的代码是 399905。

### 对应指数基金

跟沪深 300 指数一样，中证 500 指数的影响力也很大，也是非常出名的指数之一，所以也有很多基金公司围绕它开发指数基金。中证 500 指数相关的指数基金如表 5.2 所示。

**表 5.2　部分中证 500 指数基金**

| 基金简称 | 基金代码 | 管理费率（%） | 基金规模（亿元） | 成立年限（年） | 场内/场外 |
|---|---|---|---|---|---|
| 华泰柏瑞中证 500ETF 联接 A | 001214 | 0.15 | 1.67 | 4.0 | 场外 |
| 华泰柏瑞中证 500ETF 联接 C | 006087 | 0.15 | 0.01 | 0.9 | 场外 |
| 易方达中证 500ETF | 510580 | 0.15 | 0.09 | 3.7 | 场内 |
| 华泰柏瑞中证 500ETF | 512510 | 0.15 | 3.42 | 4.0 | 场内 |
| 嘉实中证 500ETF 联接 A | 000008 | 0.15 | 10.51 | 6.2 | 场外 |
| 天弘中证 500 指数 A | 000962 | 0.50 | 7.65 | 4.3 | 场外 |
| 华夏中证 500ETF 联接 A | 001052 | 0.50 | 11.76 | 4.1 | 场外 |
| 国寿安保中证 500ETF 联接 | 001241 | 0.50 | 1.75 | 4.0 | 场外 |
| 景顺长城中证 500ETF 联接 | 001455 | 0.50 | 2.37 | 3.9 | 场外 |

续表

| 基金简称 | 基金代码 | 管理费率（%） | 基金规模（亿元） | 成立年限（年） | 场内/场外 |
|---|---|---|---|---|---|
| 浙商中证500指数增强A | 002076 | 0.50 | 0.51 | 3.0 | 场外 |
| 广发中证500ETF联接（LOF）C | 002903 | 0.50 | 15.23 | 2.9 | 场内/场外 |
| 中金中证500A | 003016 | 0.50 | 0.25 | 2.8 | 场外 |
| 中金中证500C | 003578 | 0.50 | 0.05 | 2.5 | 场外 |
| 南方中证500ETF联接（LOF）C | 004348 | 0.50 | 12.81 | 2.2 | 场内/场外 |
| 天弘中证500指数C | 005919 | 0.50 | 1.71 | 1.1 | 场外 |
| 平安500ETF联接A | 006214 | 0.50 | 0.22 | 0.7 | 场外 |
| 平安500ETF联接C | 006215 | 0.50 | 0.41 | 0.7 | 场外 |
| 华夏中证500ETF联接C | 006382 | 0.50 | 0.07 | 0.7 | 场外 |
| 嘉实中证500ETF联接C | 070039 | 0.15 | 0.03 | 0.7 | 场外 |
| 嘉实中证500ETF | 159922 | 0.15 | 12.71 | 6.3 | 场内 |
| 景顺长城中证500ETF | 159935 | 0.50 | 2.26 | 5.4 | 场内 |
| 南方中证500ETF联接（LOF）A | 160119 | 0.50 | 52.65 | 9.7 | 场内/场外 |
| 广发中证500ETF联接（LOF）A | 162711 | 0.50 | 10.83 | 9.5 | 场内/场外 |
| 汇添富中证500指数（LOF）A | 501036 | 0.50 | 1.05 | 1.8 | 场内/场外 |
| 汇添富中证500指数（LOF）C | 501037 | 0.50 | 0.65 | 1.8 | 场内/场外 |
| 南方中证500ETF | 510500 | 0.50 | 334.67 | 6.3 | 场内 |
| 广发中证500ETF | 510510 | 0.50 | 33.01 | 6.1 | 场内 |
| 诺安中证500ETF | 510520 | 0.50 | 0.86 | 5.3 | 场内 |
| 方正富邦中证500ETF | 510550 | 0.50 | 2.11 | 0.5 | 场内 |
| 国寿安保中证500ETF | 510560 | 0.50 | 1.64 | 4.0 | 场内 |
| 平安中证500ETF | 510590 | 0.50 | 16.61 | 1.2 | 场内 |
| 华夏中证500ETF | 512500 | 0.50 | 22.06 | 4.1 | 场内 |
| 富荣中证500指数A | 004790 | 0.60 | 0.001 | 1.3 | 场外 |

续表

| 基金简称 | 基金代码 | 管理费率（%） | 基金规模（亿元） | 成立年限（年） | 场内/场外 |
| --- | --- | --- | --- | --- | --- |
| 富荣中证 500 指数 C | 004791 | 0. 60 | 0. 11 | 1. 3 | 场外 |
| 鹏华中证 500 指数（LOF）A | 160616 | 0. 75 | 2. 46 | 9. 3 | 场内/场外 |
| 农银中证 500 指数 | 660011 | 0. 75 | 0. 74 | 7. 5 | 场外 |
| 创金合信中证 500 指数增强 A | 002311 | 0. 80 | 1. 63 | 3. 4 | 场外 |

资料来源：Choice 金融终端。

而且，中证 500 还是一个很特殊的指数：它是最容易获得超额收益的指数。因为目前国内中小盘股的散户比例比较高，中证 500 指数成份股经常出现不理性的涨跌，利用这些不理性的涨跌，可以获得超额收益。

围绕中证 500 指数，也出现了一系列的衍生品种。例如 500 低波动指数基金、500 增强基金、基于中证 500 的量化基金等，每一类都有一些比较优秀的品种。

同样地，挑选中证 500 指数和沪深 300 指数的思路一样：第一个是寻找费用最低、规模较大、历史悠久、误差最小的品种；第二个是寻找有一定超额收益的中证 500 增强型指数基金。

## 创业板指数：整体盈利比较低，不稳定

### 指数简介

创业板指数是为了衡量创业板最主要的 100 家企业的平均表现而设立的，代码是 399006。创业板指数限制了成份股的数量，只从创业板上市公司中，挑选出规模最大、流动性最好的 100 只股票。

创业板指数是从 2010 年 5 月 31 日 1 000 点开始的。因为国内创

业板历史比较短，它对应的指数历史自然也不长。从 2010 年到 2014 年，创业板处于下跌或比较平缓的状态，只有 2015 年上半年出现过一波牛市，不过从 2016 年以来进入一轮下跌周期。

创业板指数的公司整体规模较小，以中小型公司为主。这些公司的盈利大多没有进入稳定期，所以创业板的整体盈利规模比较低。公司开展新业务也更容易导致盈利大起大落。因此创业板指数更容易暴涨暴跌，投资者投资时要有心理准备。

## 相关指数基金

追踪创业板指数的相关指数基金如表 5.3 所示。

**表 5.3　部分创业板指数基金**

| 基金简称 | 基金代码 | 管理费率（%） | 基金规模（亿元） | 成立年限（年） | 场内/场外 |
| --- | --- | --- | --- | --- | --- |
| 天弘创业板 A | 001592 | 0.50 | 6.36 | 3.9 | 场外 |
| 天弘创业板 C | 001593 | 0.50 | 14.67 | 3.9 | 场外 |
| 南方创业板 ETF 联接 A | 002656 | 0.50 | 5.80 | 3.0 | 场外 |
| 广发创业板 ETF 联接 A | 003765 | 0.50 | 2.10 | 2.0 | 场外 |
| 广发创业板 ETF 联接 C | 003766 | 0.50 | 2.45 | 2.0 | 场外 |
| 南方创业板 ETF 联接 C | 004343 | 0.50 | 1.02 | 2.2 | 场外 |
| 易方达创业板 ETF 联接 C | 004744 | 0.50 | 9.27 | 2.0 | 场外 |
| 工银创业板 ETF 联接 A | 005390 | 0.50 | 0.33 | 1.2 | 场外 |
| 工银创业板 ETF 联接 C | 005391 | 0.50 | 1.09 | 1.2 | 场外 |
| 建信创业板 ETF 联接 A | 005873 | 0.50 | 0.23 | 0.9 | 场外 |
| 建信创业板 ETF 联接 C | 005874 | 0.50 | 0.07 | 0.9 | 场外 |
| 华夏创业板 ETF 联接 A | 006248 | 0.50 | 0.22 | 0.8 | 场外 |
| 华夏创业板 ETF 联接 C | 006249 | 0.50 | 0.14 | 0.8 | 场外 |
| 博时创业板 ETF 联接 C | 006733 | 0.50 | 0.000 1 | 0.5 | 场外 |
| 博时创业板 ETF 联接 A | 050021 | 0.50 | 0.33 | 8.0 | 场外 |
| 易方达创业板 ETF 联接 A | 110026 | 0.50 | 27.90 | 7.7 | 场外 |
| 博时创业板 ETF | 159908 | 0.50 | 0.39 | 8.0 | 场内 |

续表

| 基金简称 | 基金代码 | 管理费率（%） | 基金规模（亿元） | 成立年限（年） | 场内/场外 |
|---|---|---|---|---|---|
| 易方达创业板 ETF | 159915 | 0.50 | 185.88 | 7.7 | 场内 |
| 南方创业板 ETF | 159948 | 0.50 | 7.15 | 3.0 | 场内 |
| 广发创业板 ETF | 159952 | 0.50 | 13.21 | 2.1 | 场内 |
| 嘉实创业板 ETF | 159955 | 0.50 | 0.38 | 1.9 | 场内 |
| 建信创业板 ETF | 159956 | 0.50 | 0.77 | 1.3 | 场内 |
| 华夏创业板 ETF | 159957 | 0.50 | 0.96 | 1.5 | 场内 |
| 工银瑞信创业板 ETF | 159958 | 0.50 | 2.31 | 1.4 | 场内 |
| 国泰创业板指数（LOF） | 160223 | 0.50 | 1.13 | 2.5 | 场内/场外 |
| 长城创业板指数增强发起式 A | 001879 | 1.00 | 0.29 | 2.0 | 场外 |
| 融通创业板指数 C | 004870 | 1.00 | 0.01 | 1.9 | 场外 |
| 鹏华创业板分级 | 160637 | 1.00 | 2.45 | 4.0 | 场外 |
| 富国创业板指数分级 | 161022 | 1.00 | 57.38 | 5.7 | 场外 |
| 融通创业板指数 A | 161613 | 1.00 | 5.63 | 7.1 | 场外 |
| 诺安创业板指数增强（LOF） | 163209 | 1.00 | 0.11 | 7.2 | 场内/场外 |

资料来源：Choice 金融终端。

## 港股常见的宽基指数：恒生指数、H 股指数和香港中小指数

### 恒生指数：港股最具有代表性的指数

#### 指数简介

国内除了上海和深圳两个证券交易所之外，还有一个非常特殊但又非常重要的证券交易所——香港证券交易所（简称港交所）。

香港在回归之前，就有几十年的证券交易历史了，比 A 股的历史还要长一些。香港股票市场也是一个比较成熟的股票市场。从全球

股票市场的综合排名来看，港交所是全球前十的市场。港股市场是与内地关系最密切的市场之一，像我们熟悉的腾讯、比亚迪、联想等都在港交所上市交易。

恒生指数是港股最具有代表性的指数，代码是 HSI，成立于 1964 年，历史悠久。恒生指数是由香港恒生指数公司开发的，恒生指数的点数、估值和历史估值可以在恒生指数官网上查到。

恒生指数代表的是港股的蓝筹股，由港交所所有上市公司中的 50 家规模最大、流动性最好的公司组成，用来反映香港股市的整体水平，单只成份股的最高比例是 15%。同时，恒生指数是一个交易指数，围绕它成立了一系列的金融衍生品，所以它也非常注重流动性。

简单来说，恒生指数就是由港交所市值规模最大、成交最活跃的 50 家企业组成，每季度重新选一次。这个指数和上证 50 指数很像，是一只蓝筹股指数。像我们熟悉的中国移动、腾讯等，都在港交所上市，它们自身的规模很大，所以也会被选入恒生指数。

恒生指数虽然说是香港股市的代表指数，但实际上现在与 A 股的联系越来越紧密了：恒生指数最近十几年成份股的公司中内地公司占比越来越高，香港本地公司占比逐渐下降。这也是指数的一个优势，能够自动地完成新陈代谢。特别是港股这种以机构为主的市场，定价更加成熟，企业经营不好会以更快的速度被淘汰。内地经济发展速度快，也推动了恒生指数中内地公司的占比越来越高。

### 盈富基金

恒生指数在中国香港本地也有对应的指数基金，例如盈富基金，就是在香港本地可以投资的一只恒生指数基金。

盈富基金很有传奇色彩。1997 年亚洲金融危机爆发，当时很多亚洲国家纷纷倒在像乔治·索罗斯（George Soros）这样的金融大鳄脚下，后来索罗斯盯上了港股。

以索罗斯为首的国际金融投机家当时采用了一种立体式的投机策略。简单来说，就是做空港币，香港特别行政区政府（简称香港特区政府）为了维护汇率，被迫提高利率，利率上升后会对股市产生负面影响，再配合这种负面影响做空股票市场，将事先准备好的股票抛出，打压股指期货，做空获利。

对索罗斯来说，这场金融战胜利的关键就是使恒生指数下跌。对香港特区政府来说，自救的关键就是维护恒生指数。最后香港特区政府通过提高利率和做空成本、大量买入恒生指数成份股的方式保住了恒生指数，其中最关键的就是付出了 1 181 亿港元买入了大量的恒生指数成份股。

香港特区政府战胜了索罗斯，但是这些股份也不能总是拿在政府手里。如果直接卖掉，可能会对当时还不稳定的香港股市再次产生冲击。所以政府就用这些股份，组织成立了一只 ETF（交易型开放式指数基金），分批上市，这就是盈富基金的由来。

政府为了保证盈富基金认购完成，给盈富基金设置了非常多的有吸引力的特点，如超级低的 0.03% 的管理费率，赠送红股，每年两次稳定派息等。

这些优厚的待遇，现在几乎没有哪只指数基金能复制了。如果有港股账户，那盈富基金就是恒生指数基金的绝佳选择。

不过盈富基金目前还不能通过港股通来投资，个人直接投资盈富基金比较麻烦，并且盈富基金的投资门槛比内地的基金要高很多。所以我们投资恒生指数，是以 QDII 型恒生指数基金为主。QDII 的意思是合格境内机构投资者。我们可以把这种基金理解成一种“代购”：基金公司拿人民币，合法地投资香港及海外市场，如港股、美股、德股等。

### 对应指数基金

相关的指数基金如表 5.4 所示。

**表 5.4　QDII 恒生指数基金**

| 基金简称 | 基金代码 | 管理费率（%） | 基金规模（亿元） | 成立年限（年） | 场内/场外 |
|---|---|---|---|---|---|
| 华夏沪港通恒生 ETF 联接（QDII）A | 000948 | 0.50 | 7.86 | 4.4 | 场外 |
| 南方恒指 ETF 联接 C | 005659 | 0.50 | 0.006 | 1.2 | 场外 |
| 华夏沪港通恒生 ETF 联接（QDII）C | 005734 | 0.50 | 0.02 | 1.2 | 场外 |
| 南方恒指 ETF 联接 A | 501302 | 0.50 | 0.53 | 1.8 | 场内 |
| 南方恒指 ETF | 513600 | 0.50 | 0.69 | 4.4 | 场内 |
| 华夏沪港通恒生 ETF（QDII） | 513660 | 0.50 | 8.31 | 4.4 | 场内 |
| 华夏恒生 ETF 联接（QDII）A | 000071 | 0.60 | 8.99 | 6.8 | 场外 |
| 华夏恒生 ETF 联接现汇（QDII） | 000075 | 0.60 | 8.99 | 6.8 | 场外 |
| 华夏恒生 ETF 联接现钞（QDII） | 000076 | 0.60 | 8.99 | 6.8 | 场外 |
| 华夏恒生 ETF 联接（QDII）C | 006381 | 0.60 | 0.007 | 0.7 | 场外 |
| 华夏恒生 ETF（QDII） | 159920 | 0.60 | 39.00 | 6.8 | 场内 |
| 大成恒生指数（QDII-LOF） | 160924 | 1.00 | 0.25 | 1.8 | 场内/场外 |
| 汇添富恒生指数分级（QDII） | 164705 | 1.20 | 3.62 | 5.2 | 场内 |

资料来源：Choice 金融终端。

## H 股指数：长期被称为“价值洼地”

### 什么是 H 股指数

H 股指的是公司在内地注册，却在香港上市，用港币交易的股票。内地企业到香港上市的很多，从 1993 年青岛啤酒到香港上市至今，已经有 160 多家企业到香港上市了。

为了衡量这些公司股票的表现，恒生指数公司编制了恒生中国企业指数，也就是我们熟知的恒生国企指数，简称 H 股指数。

一般人对 H 股指数存在一个误解，看到“国企”两个字，就觉得 H 股指数的成份股全是国企，但其实也是有很多民企的。不过，目前确实是以国企为主的。

最初的 H 股指数，只有 10 只成份股。从 2000 年开始，才改为 40 只成份股，并且从 2 000 点起步，沿用至 2017 年。从 2017 年开始，H 股指数进行了扩容，成份股数量增加，从原来的 40 只股票，变成了 50 只股票。

### 为什么 H 股指数要扩容

这是因为 H 股指数最初的规则已经无法满足投资者的需求了。

H 股指数最初的目的，是反映在香港上市的内地公司的平均走势。但是很多主营业务在内地的公司，注册地不在内地，它们在香港或者在海外的其他地区注册，但也是在香港上市的。

按照 H 股本身的规则，这些确确实实是内地的公司就不能被纳入 H 股指数。这样一来，H 股指数就有违它的初衷，不能够全面反映出在香港上市的内地公司的平均走势。

另外，原先的 H 股指数，过于集中在与金融相关的国有企业上，对民营企业纳入的比例低一些。

所以 2017 年，恒生指数公司决定对 H 股指数进行扩容。主要有以下变化。

（1）数目变多了。成份股从原来的 40 只股票，变成 50 只股票。

（2）对企业经营情况要求更高了。新的规则要求入选成份股的公司必须赢利，而且经营现金流、分红都要是正数。

（3）最主要的是增加了 10 只红筹股和民营企业。新增加的这 10 只成份股，会分批被纳入。主要是腾讯、中移动等公司，其中占比最高的就是腾讯。

从 2018 年 3 月至 2019 年 3 月，H 股指数会分为 5 个阶段分批纳入新的成份股。

到 2019 年 3 月，扩容完成之后，这 10 只新加入的股票合计能占到新的 H 股指数的 30% 左右，原 H 股指数的成份股占剩下的约 70% 。

这样分批纳入，可以减少对 H 股指数和其他成份股的冲击。

H 股扩容纳入的红筹股和民营企业，包括了腾讯等优秀民营企业，相比较原来 H 股指数金融行业一家独大的情形，结构更加稳定，更有利于降低 H 股指数的长期风险。再加上扩容之后对成份股的财务等要求更加严格了，所以对 H 股指数长期是利好的。

H 股指数扩容后，也可以更好地反映在香港上市的内地企业的实际情况。

相关的 H 股指数基金如表 5.5 所示。注意，H 股指数基金的场外基金品种，经常与恒生指数相混淆。像有的地方就会把恒生国企指数基金简写成恒生指数基金，注意识别一下基金全称就不会混淆了。

**表 5.5　场外 H 股指数基金**

| 基金简称 | 基金代码 | 管理费率（%） | 基金规模（亿元） | 成立年限（年） | 场内/场外 |
|---|---|---|---|---|---|
| 南方恒生中国企业（QDII-ETF） | 159954 | 0.50 | 1.58 | 1.3 | 场内 |
| 平安港股通恒生中国企业 ETF | 159960 | 0.50 | 4.64 | 0.7 | 场内 |
| 建信港股通恒生中国企业 ETF | 513680 | 0.50 | 2.36 | 0.4 | 场内 |
| 易方达恒生中国企业 ETF 联接（QDII）C | 005675 | 0.60 | 0.91 | 1.3 | 场外 |
| 易方达恒生中国企业 ETF 联接（QDII）A | 110031 | 0.60 | 12.60 | 6.8 | 场外 |
| 易方达恒生中国企业 ETF 联接现汇（QDII）A | 110032 | 0.60 | 12.60 | 6.8 | 场外 |

续表

| 基金简称 | 基金代码 | 管理费率（%） | 基金规模（亿元） | 成立年限（年） | 场内/场外 |
|---|---|---|---|---|---|
| 易方达恒生中国企业 ETF 联接现钞（QDII）A | 110033 | 0.60 | 12.60 | 6.8 | 场外 |
| 易方达恒生国企 ETF（QDII） | 510900 | 0.60 | 73.54 | 6.8 | 场内 |
| 嘉实恒生中国企业（QDII-LOF） | 160717 | 0.75 | 2.91 | 8.7 | 场内/场外 |
| 银华恒生国企指数分级（QDII） | 161831 | 1.00 | 27.82 | 5.1 | 场内 |

资料来源：Choice 金融终端。

## 香港中小指数：港股中小盘股的代表

### 指数简介

我们前面介绍过沪深 300 指数和中证 500 指数。沪深 300 指数代表 A 股最核心、规模最大的 300 只大盘股。中证 500 指数代表随后的 500 家最大的中盘股。

在港股市场，恒生指数和 H 股指数的定位，就类似于沪深 300 指数，投资的都是大盘股。那港股市场的中小盘股有没有对应的指数呢？答案是肯定的，那就是香港中小指数。

香港中小指数有如下特点。

（1）香港中小指数主要投资的是 H 股和红筹股，也就是主营业务在内地的公司。

（2）香港中小指数的中小，放在港股市场里属于中小盘股票。不过实际上，香港中小指数的平均市值规模大约是 300 亿元。这个规模已经是达到了沪深 300 指数成份股的规模了，放在 A 股属于大盘股范畴。

A 股中盘股指数的代表是中证 500 指数，截至 2018 年年底，平均市值规模是150亿元左右。香港中小指数的平均市值规模是中证500指数的两倍左右。

（3）港股有一个比较大的风险，就是老千股。简单来说，就是港股中有一批小盘股，专门以坑普通投资者为获利方式。所以在港股投资中小盘股的时候，如果只投资个股，很容易遇到这种风险。

不过好在香港中小指数本身成份股比较分散，有150多只成份股。单只成份股的比例上限是5%，所以即使单个公司有老千股问题，指数基金也不至于“伤筋动骨”。风险比直接投资个股要低很多。

#### 对应指数基金

香港中小指数对应的指数基金，目前主要是一只基金，代码是501021。这也是一个LOF（上市型开放式基金），场内场外都可以投资，场内场外代码相同。

## 美股常见的宽基指数：纳斯达克100指数、标普500指数

我们介绍了中国内地的股市，介绍了中国香港股市，还有一个不容忽视的股票市场，那就是美国股市。

美国股市有两个最主要的指数：纳斯达克100指数、标普500指数。我们来分别了解一下。

### 纳斯达克100指数

#### 指数简介

纳斯达克是我们比较熟悉的一个股票市场，像大家熟知的苹果

(Apple)、微软（Microsoft）等公司都在纳斯达克 100 指数里。纳斯达克 100 指数投资的是纳斯达克规模最大的 100 家大型企业。

纳斯达克 100 指数的代码是 NDX，从 1985 年 100 点开始。

### 对应指数基金

纳斯达克 100 指数在美国本土有很多的指数基金产品。不过我们国内的投资者投资海外市场的指数基金比较困难，主要也是通过 QDII 指数基金来投资纳斯达克 100 指数的。纳斯达克 100 指数相关的指数基金如表 5.6 所示。

**表 5.6　纳斯达克 100 指数基金**

| 基金简称 | 基金代码 | 管理费率（%） | 基金规模（亿元） | 成立年限（年） | 场内/场外 |
|---|---|---|---|---|---|
| 国泰纳斯达克 100（QDII-ETF） | 513100 | 0.60 | 6.02 | 6.1 | 场内 |
| 广发纳斯达克 100 指数美元现汇（QDII）A | 000055 | 0.80 | 13.84 | 4.4 | 场外 |
| 大成纳斯达克 100（QDII） | 000834 | 0.80 | 2.14 | 4.5 | 场外 |
| 易方达纳斯达克 100 美元汇（QDII-LOF） | 003722 | 0.80 | 0.85 | 1.9 | 场内/场外 |
| 广发纳斯达克 100 指数（QDII）C | 006479 | 0.80 | 0.07 | 0.6 | 场外 |
| 广发纳斯达克 100 指数美元现汇（QDII）C | 006480 | 0.80 | 0.07 | 0.6 | 场外 |
| 华安纳斯达克 100 指数（QDII） | 040046 | 0.80 | 1.92 | 5.8 | 场外 |
| 华安纳斯达克 100 指数现钞（QDII） | 040047 | 0.80 | 1.92 | 5.8 | 场外 |
| 华安纳斯达克 100 指数现汇（QDII） | 040048 | 0.80 | 1.92 | 5.8 | 场外 |
| 广发纳斯达克 100ETF（QDII） | 159941 | 0.80 | 0.32 | 4.0 | 场内 |
| 国泰纳斯达克 100 指数（QDII） | 160213 | 0.80 | 7.33 | 9.1 | 场外 |

续表

| 基金简称 | 基金代码 | 管理费率（%） | 基金规模（亿元） | 成立年限（年） | 场内/场外 |
|---|---|---|---|---|---|
| 易方达纳斯达克 100 人民币（QDII-LOF） | 161130 | 0.80 | 0.85 | 1.9 | 场内/场外 |
| 广发纳斯达克 100 指数（QDII）A | 270042 | 0.80 | 13.84 | 6.8 | 场外 |

资料来源：Choice 金融终端。

## 标普 500 指数

### 指数简介

标普 500 指数历史比较悠久，也是一只蓝筹股指数，由 500 只成份股组成。

虽然标普 500 指数和沪深 300 指数一样是蓝筹股指数，但标普 500 指数并不单纯是依照上市公司的规模来选股。标普 500 指数并没有限制入选公司的市值规模，换句话说，标普 500 指数不仅有大公司（大约占 90%），还有很多中型公司（大约占 10%）。

这些公司的入选标准是其必须是一个行业的领导者。所以标普 500 指数是一个附带主观判断的蓝筹股指数。

除了是行业的领导者，成份股的 ROE（净资产收益率）也是入选标普 500 指数的一个硬指标，长期 ROE 更好的成份股更容易入选。这也导致标普 500 指数的估值表现与一般市值加权的指数有一定的差异。

标普 500 指数也是目前追踪资金最多的一只指数，上万亿美元的基金投资在标普 500 指数上，远超其他美股指数。这么多的资产甚至带来了成份股买入效应：如果一只股票入选标普 500 指数，在入选后股票会获得大量指数基金资金的买入，导致出现一定的上涨；如果其被标普 500 指数淘汰，则会因为短时间卖出量比较大而下跌。

## 标普 500 指数的三个特点

第一个，更“宽”的宽基指数。

标普 500 指数是一个非常不错的宽基指数，与我们平时接触的沪深 300、恒生等指数相比，标普 500 指数在行业配比上相对更加均匀。

A 股沪深 300 指数中，金融、能源行业占比较高。这些行业周期性强，波动大，也导致沪深 300 指数波动比较大。

标普 500 指数是消费、医药、科技等弱周期性行业占比高一些，超过 50%，这使标普 500 指数相对来说周期性更小，走势更加平稳，更容易实现“慢牛”。

这就是标普 500 指数的第一个特点：是一只更加“宽”，更加“稳”的宽基指数。

第二个，代表美股市场的基准收益。

标普 500 指数的第二个特点是作为市场基准，反映美股市场的平均收益。换句话说，如果主动基金经理或是投资者自己投资的收益比不上标普 500 指数，那还不如投资标普 500 指数基金。巴菲特也提到，如果他去世，剩余现金会买入标普 500 指数基金，原因就在于标普 500 指数可以获取市场平均收益。

那标普 500 指数的收益率到底是多少呢？

标普 500 指数的起始点数是 10，从 1941 年开始，不算股息收入，标普 500 指数在七八十年里上涨了 200 多倍，年化收益率大约是 7%。考虑到标普 500 指数历史平均股息率为 2%～2.5%，标普 500 在过去的几十年里能给投资者带来 9% 左右的年化收益率。

如果单看最近二三十年，美股的收益是弱于同期的港股和 A 股的，毕竟过去 20 多年是中国经济崛起的阶段，上市公司的盈利增速比美股高很多。但给人的感觉是美股牛市更多，赚到钱的人更多，原因就在于标普 500 指数的上升走势比较稳健，给人感觉更“牛”一些。

第三个，属于美元资产，可以分散风险。

投资标普500指数还有一个非常重要的作用，就是分散风险。一来标普500指数是美元资产，二来标普500指数自身的波动性比A股低很多，相关性也不大。所以持有一部分标普500指数基金，可以分散风险。

**对应指数基金**

追踪标普500指数的指数基金是目前世界上规模最大的指数基金。其中，SPY是美国本土最大的一只标普500指数基金，单只规模达到2 000多亿美元，是一只庞然大物。对比一下，国内规模最大的指数基金也只有几百亿元人民币。由此可以看出，国内的指数基金市场起步还比较晚，属于比较新的事物，未来还有很大的发展空间。

我们主要是通过QDII基金来投资标普500指数，相关的指数基金如表5.7所示。

**表5.7 标普500指数基金**

| 基金简称 | 基金代码 | 管理费率（%） | 基金规模（亿元） | 成立年限（年） | 场内/场外 |
|---|---|---|---|---|---|
| 博时标普500ETF联接（QDII）A | 050025 | 0.60 | 4.14 | 6.9 | 场外 |
| 博时标普500ETF（QDII） | 513500 | 0.60 | 7.02 | 5.5 | 场内 |
| 易方达标普500指数美元汇（QDII-LOF） | 003718 | 0.80 | 1.44 | 2.5 | 场内/场外 |
| 易方达标普500指数人民币（QDII-LOF） | 161125 | 0.80 | 1.44 | 2.5 | 场内/场外 |
| 大成标普500等权重指数（QDII） | 096001 | 1.00 | 1.78 | 8.2 | 场外 |

资料来源：Choice金融终端。

本章介绍的指数基金，有以下几个共同的特点。

（1）都是各个股票市场对应的最出名的指数，且以市值加权指数为主，也就是成份股市值规模越大，在指数中占比就越高。

（2）因为比较出名，很多指数都有多只对应的指数基金，所以可以灵活应用前面章节的内容，挑选规模合适、费率低廉、追踪误差小的品种。

不过我们也介绍过指数基金的分类。除了市值加权指数之外，还有一些非常有特色、长期收益优秀的指数基金，那就是策略加权指数基金和优秀行业指数基金。这些指数基金品种，相对要小众一些，但是通常收益会更好。掌握了这些细分品种，可以更好地提高我们定投的收益。

## 投资者笔记

- 指数有两种不同的分类方式，可以分为宽基指数和行业指数，也可以分为市值加权指数和策略加权指数。
- A 股常见的宽基指数有：沪深 300 指数、中证 500 指数和创业板指数等。
- 港股常见的宽基指数有：恒生指数、H 股指数和香港中小指数等。
- 美股常见的宽基指数有：纳斯达克 100 指数和标普 500 指数等。

# 第6章

## 策略加权指数基金：小众、收益更好

红利指数：持股收息的最优选择

基本面指数：从四个维度挑选股票

价值指数：用四个指标来挑选成份股

低波动指数：波动率越低的股票，收益越好

策略加权指数基金该如何选择

上一章，我们介绍的主要是市值加权的宽基指数基金，这类品种，通常也是各个股票市场上的主力品种。不过，除了市值加权指数基金之外，还有一些比较小众但长期投资收益可能更好的品种。主要有如下两类。

一类是策略加权指数基金，也被称为聪明贝塔指数基金。这类指数基金，通常是会采用某种投资策略来挑选股票，不再按照上市公司的市值规模大小来挑选股票。

另一类则是长期优秀的行业指数基金。有的行业，本身的赢利能力比较出色，长期收益会比一般的行业更好一些，比如消费、医药、IT（信息技术）等行业。它们也是长期容易出大牛股的行业。

这两类指数基金品种，从数量和市场占比的角度，并不是指数基金的主流，但是它们各有特点。

这一章，我们先了解一下策略加权指数基金。

首先，说说策略指数的分类。

相比市值加权指数基金，策略加权指数基金的数量并不多。

在 A 股，大约有十几种不同类型的策略指数是有对应的基金产品的。这些指数包括基本面、红利、价值、低波动、央视 50、AH 优选、行业龙头等。每一个指数，对应的指数基金可能只有一两只，数量并不多。

这些策略指数，每一个都有自己的对应策略。

有的指数的策略是公开透明的，例如价值指数，是挑选市盈率、市净率等最低的一批股票。对应的策略是事先确定好的。也有一些指数的策略没那么透明。例如央视50，是由央视联合几个高校的专家挑选出50只股票。

相对来说，从透明的策略指数开始，建立我们的投资策略会更容易一些。

而在所有的策略指数当中，最有影响力，也是我们最常用到的，主要是如下四类：红利指数、基本面指数、价值指数、低波动指数。

其中，红利指数的品种数量在全世界范围都是最多的。基本面指数其次，价值指数和低波动指数的数量也很多。

## 红利指数：持股收息的最优选择

### 红利指数的来源

红利指数，是按照股息率来决定个股的权重，哪只股票的股息率越高，这只股票的权重就越大。所以有的股票市值规模虽然小，但股息率高，可能在红利指数中的占比反而更高一些。

红利指数基金是最近十几年兴起的一类比较特殊的策略加权基金。

我们都知道股票是会发放股息的，也就是现金分红：业绩比较好的公司，会每年从净利润中拿出一部分，以现金分红的形式回馈股东。

> 像北京银行，它的大股东是北京市人民政府国有资产监督管理委员会（简称北京市国资委），北京银行是北京市国资委非常重要的公司，北京市国资委轻易不会卖掉北京银行的股票。但它也需要资金，所以每年北京银行会拿出净利润的一部分，以现金的形式分红给它。

这就是股票的现金分红，也叫股息。有研究表明，能实现高现金分红的股票，长期持有的平均收益高于现金分红低的股票。这也很好理解，因为能够长期发放高现金分红，至少能说明企业的盈利和财务状况良好。

所以，我们可以通过持有几十只现金分红最高的股票，来获取更高的收益。这就是红利指数的来源。

### 分红的作用

有人说，分红之前，我持有市值 1 万元的股票，分红后，我持有市值 9 600 元的股票，外加 400 元的现金分红，还是 1 万元。前后没怎么变化，那分红还有什么意义呢？

其实，股票分红还是有意义的。

股票的分红是公司盈利的一部分。公司一年里赚到的盈利，并不是在某一天突然产生的，而是在一年的时间里逐渐积累起来的。分红作为公司盈利的一部分，也是在这一年里慢慢积累起来的。分红的那一天股价下跌，只是将这部分盈利分到股东手里的一个具体体现。实际上每年都会产生新的盈利、新的分红，源源不断。

前面我们介绍过指数具备长期上涨的能力，最主要的原因是指数背后的公司，生产力和生产效率会不断提升。长期来看，这些公司的盈利是不断上涨的。股息分红作为盈利的一部分，也是长期上涨的。

时间越长，分红在我们投资股票的收益中所占的比例就越大。美国著名金融学家西格尔教授，曾经在他的著作《股市长线法宝》中对此做过研究。

西格尔对标普 500 指数从 1871 年到 2012 年的数据进行回测，发现股息分红是整个时期内股东收益的最重要来源。从 1871 年开始，股票实际收益率为 6.48%，股息分红收益率为 4.4%，资本利得收益率为 1.99%。

所以分红绝不是多此一举，而是我们投资股票类资产非常重要的收益来源。

指数基金因为需要始终持有大量的股票，不能随意卖出股票变现分红。所以通常指数基金的分红来源，就是背后持有股票的分红。指数基金的分红也跟股票的分红意义相似。

这好比是一棵苹果树。每年苹果树会结苹果。这棵苹果树就好比指数基金，苹果就好比分红。

在分红前，你持有“一棵长满了苹果的苹果树”，分红后，你持有“一棵苹果树加摘下来的苹果”。分红前后你的资产总量没有变化。

但是之后一年，苹果还会逐渐长出来，下一年又可以继续收获苹果。之后每年都会有苹果收。最后积累的苹果，总价值会比当初买下这棵苹果树花的钱要多得多。

有能力长期分红的品种，就是这样一棵长生不老、每年结果的苹果树。

## 四个主要的红利指数

红利策略的有效性久经考验，所以各家指数公司都发布了基于红利策略的指数。上证有上证红利指数，中证有中证红利指数，深证有深证红利指数，标普指数公司也为 A 股开发了红利机会指数。这四个也是目前国内最常用的红利指数。

### 上证红利指数

上证红利指数是由上海证券交易所过去两年平均现金股息率最高的 50 只股票组成的，指数代码为 000015。

上证红利指数是最老牌的一个红利指数，也是非常出名的一个红利指数。A 股的第一只红利指数基金就是围绕上证红利指数开发的。

上证红利指数是从 2004 年 12 月 31 日 1 000 点开始的。

追踪上证红利指数的指数基金如表 6.1 所示。

**表 6.1　上证红利指数基金**

| 基金简称 | 基金代码 | 管理费率（%） | 基金规模（亿元） | 成立年限（年） | 场内/场外 |
|---|---|---|---|---|---|
| 华泰柏瑞上证红利 ETF | 510880 | 0.50 | 23.55 | 12.5 | 场内 |

## 中证红利指数

中证红利指数由中证指数公司编制，同时从上海证券交易所和深圳证券交易所挑选过去两年平均现金股息率最高的 100 只股票。

中证红利指数同时覆盖了两个股票交易所的上市公司，所以挑选的高分红股票会多一些。从历史表现来说，中证红利指数的收益比上证红利指数更好一些。

中证红利指数的代码是 000922/399922。它是从 2004 年 12 月 31 日的 1 000 点开始的。

追踪中证红利指数的指数基金如表 6.2 所示。

**表 6.2　中证红利指数基金**

| 基金简称 | 基金代码 | 管理费率（%） | 基金规模（亿元） | 成立年限（年） | 场内/场外 |
|---|---|---|---|---|---|
| 大成中证红利指数 | 090010 | 0.75 | 2.81 | 9.3 | 场外 |
| 万家中证红利指数（LOF） | 161907 | 0.75 | 0.39 | 8.2 | 场内/场外 |
| 富国中证红利指数增强 | 100032 | 1.20 | 31.42 | 10.5 | 场外 |

## 深证红利指数

深证红利指数与上证红利指数对应，专门投资深圳证券交易所的高现金股息率的股票，不过成份股只有 40 只。

深证红利指数是红利系列指数中最早推出的一只，于2002年12月31日推出，也是从1 000点开始的，代码为399324。

追踪深证红利指数的指数基金如表6.3所示。

**表6.3 深证红利指数基金**

| 基金简称 | 基金代码 | 管理费率（%） | 基金规模（亿元） | 成立年限（年） | 场内/场外 |
|---|---|---|---|---|---|
| 工银深证红利ETF | 159905 | 0.50 | 6.56 | 8.6 | 场内 |
| 工银深证红利ETF联接A | 481012 | 0.50 | 5.24 | 8.5 | 场外 |

## 红利机会指数

红利机会是由国际知名的指数开发商标普公司围绕A股开发的，代码为CSPSADRP。红利机会指数的挑选规则更复杂一些，除了看股息率，红利机会还对成份股做了以下限制。

- 过去3年的盈利增长必须为正。
- 过去12个月的净利润必须为正。
- 每只股票权重不超过3%，单个行业不超过33%。

红利机会指数把符合以上3条要求的股票按股息率排名，再从中筛选出股息率最高的100只作为成份股。

红利机会指数对应的指数基金如表6.4所示。

**表6.4 红利机会指数基金**

| 基金简称 | 基金代码 | 管理费率（%） | 基金规模（亿元） | 成立年限（年） | 场内/场外 |
|---|---|---|---|---|---|
| 华宝标普中国A股红利机会指数（LOF）A | 501029 | 0.75 | 19.98 | 2.3 | 场内/场外 |

## 红利指数的优缺点

红利指数有很多种，但它们有一些共同的优点。

第一，高股息率，在熊市更有优势。红利指数的股息率越高，熊市分红后再投入的效果越出众，在熊市里是非常不错的优势。

第二，红利指数的波动是各个指数中比较低的。能长期发放现金股息的公司，赢利能力和财务状况一般都不错，毕竟现金股息是切切实实发放了出去，如果公司财务状况不好，是没有能力持续发放股息的。财务状况越稳定，企业出意外的可能性就越小，股价的波动也越小。红利指数投资一篮子这样的股票，自然也比较稳定，波动也较低。

第三，为日常生活提供分红现金流。指数基金也是有基金分红的，指数基金分红的来源是背后公司的现金分红。而红利指数投资的是高现金分红的企业，自然也能收获很多现金分红，有的红利指数基金就会以基金分红的形式发放给基金持有者。

不过指数基金发放基金分红并不是强制的，有的指数基金会把基金分红直接归入基金净值，相当于直接替投资者再投入了。

不过红利指数，也不是没有缺点。

A 股有的股票，会因为短期盈利大幅增加，而大比例分红。比如，一家公司卖出自己持有的某幢写字楼，一次性赚了一笔钱，然后将这笔钱分红给股东。当年这家公司的股息率就会很高，有可能入选红利指数。但是这种短期的收益大涨，并不能长期持续。所以当这类股票被纳入红利指数，会影响指数长期的分红能力。

A 股的上市公司中，强周期性行业经常会遇到类似的问题。强周期性行业，例如钢铁、煤炭等，经常会因为价格大涨导致盈利大涨，然后上市公司大比例分红，股息率提高，进入红利指数。之后又因为价格下跌，盈利大幅回落，分红跟不上，股息率下跌，之后就从红利指数中被剔除。

这种缺点会影响红利指数分红的稳定性。在 2009 年、2014 年都出现过类似的情况。

不过总体来说，随着 A 股上市公司越来越重视分红，红利指数的盈利和分红稳定性也在提升。这些缺点还是瑕不掩瑜的。

## 基本面指数：从四个维度挑选股票

策略加权的指数有很多，除了挑选高股息率股票的红利指数，还有一类影响力也非常大的策略加权指数：基本面指数。基本面指数属于质量指数，也就是从上市公司的经营质量角度去挑选股票。

### 什么是基本面指数

2005 年 4 月，罗伯特·阿诺德（Robert Arnott）首次提出了基本面指数投资策略，抛弃了由股票价格定义的公司市值策略。

基本面策略挑选股票的规则跟市值策略很不一样，这种策略不看市值大小，只看基本面好坏，谁的基本面更好，谁占的权重就更高。

那我们怎么知道基本面的好坏呢？目前一般从四个维度去衡量：营业收入、现金流、净资产、分红。

在基本面指数中，国内最出名的就是中证基本面 50 指数。这个指数是按照以上四个基本面指标，挑选出综合排名前 50 的公司。具体来说，是从上市公司过去 5 年的年报数据中，计算四个基本面指标。

- 营业收入：公司过去 5 年营业收入的平均值。
- 现金流：公司过去 5 年现金流的平均值。
- 净资产：公司在定期调整时的净资产。
- 分红：公司过去 5 年分红总额的平均值。

例如，一家公司的营业收入为 100 亿元，那就用它除以全部样本公司营业收入之和，这样得到一个百分比。用同样的方法计算出现金流、净资产、分红所占的百分比。这四个百分比求平均数，再乘以 10 000 000，就得到了这只股票的基本面得分。

按照基本面得分从大到小排名，取前 50 名，这就是中证基本面 50 指数了。

## 基本面 50 指数：跑赢上证 50 指数、沪深 300 指数

基本面指数相较普通的指数，最大的好处还是收益会相对更高一些。

比如，在 1962 年，投资 1 万美元到标普 500 指数，到 2007 年，这 1 万美元会增值到 90 万美元。不过如果是投资 1 万美元到同期的美股基本面指数，会增长到 207 万美元。足足多了一百多万美元。

这是最吸引投资者的一个地方了。

如果观察一下基本面指数在不同时间段的表现，会发现基本面指数在熊市跑赢市场更多一些。

熊市里，基本面指数平均每年跑赢标普 500 指数大约 5.8%，这是一个非常惊人的数字。牛市里，基本面指数平均每年跑赢标普 500 指数大约 0.7%。平均下来，基本面指数比标普 500 指数多出了2%~3% 的年化收益率。

基本面指数在美国有如此出色的表现。那么在全球其他市场，是不是也有超额收益呢?

日本野村证券的分析师分析了全球 23 个主要股票市场，从 1988 年到 2005 年的基本面指数和各个股票市场市值加权指数的收益对比，发现在这段时间里，所有 23 个股票市场里有 22 个都是基本面指数收益更好，平均也是每年跑赢 2%~3%。只有瑞士是基本面指数略微

跑输。原因是瑞士股市上市公司数量太少，少部分股票始终把持市场，基本面指数发挥不出优势。

A股市场也是基本面指数收益更好一些。我们以基本面50指数为例。从2004年到2019年4月，基本面50指数加上分红收益，年化收益率达到了13.8%。而同期上证50指数的年化收益率是11%，沪深300指数的年化收益率是11.5%。基本面50指数也是跑赢了上证50指数和沪深300指数的。

这种按照占总规模百分比来排名的方式，很明显公司规模越大越占优势。所以基本面50指数挑选出来的，往往也是大盘股。从定位上来说，基本面50指数跟上证50指数相似。不过因为它综合考虑了收入、盈利、净资产等基本面因素，所以挑选股票时会考虑得更全面一些。

## 基本面指数与红利指数的对比

基本面指数中，有根据分红总额来挑选股票。红利指数中，也有根据股息率来挑选股票。这两个指数都用到了企业分红这一基本要素。那它们的区别在哪里呢？

区别在于：很多企业始终不分红；习惯分红的企业，可能主要集中在某些行业。这会导致红利指数持有某些行业比例始终比较高。但在基本面指数中，分红只是其中一个要素。如果企业不分红，但是营业收入、净资产等规模大，也是可以入选的。

当然，这也有利有弊。

像高分红的股票，在熊市是明显抗跌的。一方面，分红现金流吸引了一些长期投资者长期持有股票，更稳健；另一方面，熊市下跌过程中，分红再投入，也可以托低股价。所以，在熊市时，可能红利指数会更抗跌一些。

不过，这两类指数都是长期不错的指数。

## 对应指数基金

国内的基本面指数，有基本面 50、深证基本面 60/120、基本面 400 等。但是大部分基本面指数，规模都太小，不适合投资。

截至 2019 年 4 月，规模比较合适的基本面指数主要是基本面 50、深证基本面 60/120 这三个。

深证基本面 60/120 的选股规则跟基本面 50 相同，都是挑选营业收入、现金流、净资产、分红最高的一批股票。只不过基本面 50 是从上海和深圳证券交易所一起挑选 50 只，而深证基本面 60/120，则是只从深圳证券交易所挑选 60 只和 120 只。

追踪基本面 50 指数的指数基金如表 6. 5 所示。

**表 6. 5　基本面 50 指数基金**

| 基金简称 | 基金代码 | 管理费率（%） | 基金规模（亿元） | 成立年限（年） | 场内/场外 |
| --- | --- | --- | --- | --- | --- |
| 嘉实基本面 50 指数（LOF）A | 160716 | 1. 00 | 19. 83 | 9. 4 | 场内/场外 |

追踪基本面 60/120 指数的指数基金如表 6. 6 所示。

**表 6. 6　基本面 60/120 指数基金**

| 基金简称 | 基金代码 | 管理费率（%） | 基金规模（亿元） | 成立年限（年） | 场内/场外 |
| --- | --- | --- | --- | --- | --- |
| 建信深证基本面 60ETF | 159916 | 0. 50 | 2. 98 | 7. 7 | 场内 |
| 建信深证基本面 60ETF 联接 A | 530015 | 0. 50 | 2. 79 | 7. 7 | 场外 |
| 嘉实深证基本面 120ETF 联接 A | 070023 | 0. 50 | 5. 82 | 7. 8 | 场外 |
| 嘉实深证基本面 120ETF | 159910 | 0. 50 | 5. 96 | 7. 8 | 场内 |

它们有什么区别呢？

上海证券交易所比较特殊，它里面的大盘股有很多是金融地产行业上市公司，所以基本面50指数挑选出来的成份股，金融地产占了很大比例。而深证基本面60/120指数，挑选出来的主要是以制造业为主的公司。所以基本面50指数和深证基本面60/120指数的差别还是比较大的。

不过深证基本面60指数和深证基本面120指数的差别并不大。它们主要是选股数量上的差别，深证基本面60指数的成份股是60只，而深证基本面120指数是120只。深证基本面60指数的60只成份股已经包括在深证基本面120指数中了。

## 价值指数：用四个指标来挑选成份股

### 什么是价值指数

前面提到，基本面指数按照基本面的四个指标的规模大小来加权。其实价值指数跟它很相似，只不过价值指数用的是四个估值指标来进行筛选：市盈率、市净率、市现率、股息率。

市盈率＝公司市值/公司盈利。

市净率＝公司市值/公司净资产。

市现率＝公司市值/现金流量。

股息率＝现金分红/公司市值。

我们可以看到，像盈利、净资产、分红等指标，也是基本面和红利指数常用的指标。区别在于，价值指数还会考虑公司市值的因素。

通常对于同一个股票品种来说，市盈率、市净率、市现率越低，股息率越高，这个品种的投资价值也会越高。

价值指数就是用的这种策略。

## 价值指数的特点

价值指数，跟红利、基本面指数特征比较相似，所以从历史走势来看，价值指数跟红利和基本面指数也很接近，长期收益也是不错的。

不过价值指数在国内数量还不太多。规模比较合适的，主要是沪深 300 价值指数。

沪深 300 价值指数，是从沪深 300 指数中挑选出市盈率、市净率、市现率最低，股息率最高的 100 只股票，每年定期调整。即每年会调出一部分估值较高的股票，调入一批估值较低的股票，用这种方式，带来一些额外的超额收益。

金融学也有相关的研究。估值较低的股票，长期来看，是可以相对估值较高的股票获得一些超额收益。

对 A 股这种波动比较大的市场，定期调仓的威力也是更强的。沪深 300 价值指数的长期收益，也比沪深 300 指数更高。

沪深 300 价值指数对应指数基金如表 6.7 所示。

**表 6.7　沪深 300 价值指数基金**

| 基金简称 | 基金代码 | 管理费率（%） | 基金规模（亿元） | 成立年限（年） | 场内/场外 |
|---|---|---|---|---|---|
| 银河沪深 300 价值指数 | 519671 | 0.50 | 4.87 | 9.4 | 场外 |
| 申万菱信沪深 300 价值指数 | 310398 | 0.65 | 20.15 | 9.3 | 场外 |

## 低波动指数：波动率越低的股票，收益越好

### 什么是低波动指数

最后一类比较常用的，是低波动指数。

低波动指数是挑选市面上波动率最低的一批股票。这里的波动率，说的是股票每天涨跌幅的标准差。

简单来看，如果一只股票，在一段时间里，每天涨跌幅变化不大，这只股票就是低波动率的。

低波动指数，很长时间在海外市场其实是不被承认的。

二十世纪六七十年代，当时的海外金融市场有一个非常重要的理论：股票的回报主要由其风险来决定，想要获得高回报，就必须承担高风险。这也就是很多朋友经常听到的“高风险、高收益”的内在原因。

当时金融市场对风险的衡量，最主要的一个因素就是波动率。也就是说，如果某只股票的涨跌幅变化比较剧烈，金融市场就认为这是一只高风险的股票。

这个理论很符合投资者的直觉：波动大，风险大，收益高；波动小，风险小，收益低。

这个理论在很多时候也是成立的。

以国内的货币基金、债券基金和股票基金为例。在过去的十几年里，国内货币基金的年复合收益率是 2% ~ 3%，债券基金是 6% ~ 7%，股票基金是 14% 左右。但是从波动风险上来看，货币基金几乎没有波动，债券基金会有 5% ~ 10% 的波动，股票基金甚至会有超过 50% 的波动。

所以这个“风险越高、收益越高”的结论，在挑选资产大类的时候，确实是成立的。

但是到了二十世纪七八十年代，一些金融学家发现这个理论并不是无懈可击的。在美股市场，最低波动率的股票回报竟然比最高波动

率的股票回报还要高。

按理来说，波动越大、风险越大的股票，收益应该更好才对。

但实际上，不仅是在美股市场，在全球很多其他市场，金融学家都发现了这个“低波动悖论”：股票市场里，波动率最低的股票，反而创造了更好的收益。

这是为什么呢？

很长时间里，金融学界没有找到太好的解释。直到行为金融学的兴起，才给出了一个比较合理的解释，那就是“彩票偏好理论”。

市场上波动非常大的股票，本身是具备比较强的赌博工具特性的。买入这些波动大的股票，投资者就是押注这只股票能够短期里有较大波动，从而获得收益。这类投资者数量很多，大量买入高波动率的股票，推高了它们的价格，结果就是高波动率的股票，通常伴随高估值、泡沫等不利因素。

而低波动率的股票，通常在一段时间里不太受市场的关注，估值也会更低。所以最后低波动率的股票反而能够战胜高波动率的股票。

所以，下次大家再听到有人说“风险越高，收益越高”，就知道这并不是 100% 成立的。

我们来看一下具体的投资回报。

如果建立一个低波动指数，投资美股市场波动率最低的 100 只股票，每年定期调仓；再建立一个高波动指数，投资美股市场波动率最高的 100 只股票，每年定期调仓。

如果在 1929 年，投资 100 美元到低波动指数，到 2017 年，这 100 美元会变成 48.2 万美元，足足上涨 4 820 倍。

但是如果这 100 美元投资到高波动指数，到 2017 年，只会变成 2.1 万美元，上涨只有 210 倍。

这就像龟兔赛跑。低波动指数就是慢悠悠的乌龟，高波动指数就是上蹿下跳的兔子。最后，反而是慢悠悠的乌龟，战胜了上蹿下跳的兔子。

## 中证 500 行业中性低波动指数的特点

目前市面上低波动指数的代表，是中证 500 行业中性低波动指数，它就是一个结合了低波动策略的指数。这个指数有以下特点。

（1）基于中证 500 指数，挑选了 150 只波动率最低的股票。

这个指数是将中证 500 指数中的 500 只成份股的波动率从低到高排序，挑选波动率最低的 150 只。

（2）波动率加权。

波动率越低的股票，权重越高，也就是该指数会倾向于投资“暂时不受市场关注的股票”。

（3）为避免集中于某个行业，对行业股票数量进行限制。

有时会出现整个行业都处于低迷、波动较小的情况，这时如果只按照波动率排名，会出现指数过于集中于某个行业的情况。所以该指数对行业股票数量进行限制，行业比例等同于中证 500 指数的行业比例。

这是一个 13 年里上涨 15 倍的指数，收益非常不错，超过同期的中证 500 指数。

当然，跟所有的策略指数一样，它不是每个时间段都能跑赢中证 500 指数的。有的时候会跑赢，有的时候会落后，但总体上是跑赢的。

而且该指数挑选的是低波动的股票，所以在波动上也小于中证 500 指数。要注意的是，虽然其波动小于中证 500 指数，但毕竟也是股票类基金，整体的波动仍然是大于债券、货币基金等品种的。

该指数对应的指数基金如表 6.8 所示。

**表 6.8　中证 500 行业中性低波动指数基金**

| 基金简称 | 基金代码 | 管理费率（%） | 基金规模（亿元） | 成立年限（年） | 场内/场外 |
|---|---|---|---|---|---|
| 景顺长城中证 500 行业中性低波动 | 003318 | 0.50 | 8.12 | 2.2 | 场外 |
| 华安中证低波动 ETF | 512260 | 0.50 | 3.49 | 0.5 | 场内 |

## 策略加权指数基金该如何选择

在定投指数基金的时候，策略加权指数基金，是螺丝钉很喜欢的一类品种。

原因很简单，通常策略加权指数基金的收益会更好一些。

从历史收益的角度，红利、基本面、价值、低波动这四类策略加权指数基金，长期收益都比沪深 300、中证 500 等指数基金的历史收益更好。

如果看好沪深 300 指数的投资价值，可以考虑 300 价值指数基金；看好中证 500 指数的投资价值，可以考虑中证 500 行业中性低波动指数基金。这都是对应的收益更好的策略加权指数基金。

以优秀的策略加权指数基金为定投品种，可以轻松帮我们在定投的过程中，提高收益。这也是定投的一个优化技巧。

虽然策略加权指数基金的收益可能更好，但它并不是没有缺点的。

策略加权指数基金一个最大的缺点，是资金容量的问题，它承载不了太多的资金。

举个例子，沪深 300 指数，有 300 只成份股，是按照上市公司的市值规模挑选的，规模越大的公司，在沪深 300 指数中占比越高。

沪深 300 价值指数，只有 100 只成份股，是市盈率、市净率等估值比较低的股票。这 100 成份股容纳的资金量肯定是小于 300 只成份股的。

假如说每只成份股平均 300 亿元的规模，原本的沪深 300 指数可以容纳 9 万亿元，而沪深 300 价值指数，可能就只能容纳 1 万亿元甚至更少。

所以策略加权指数基金，通常规模都是小于对应的市值加权指数基金的。

这个缺点对机构等大资金量的投资者，是有比较大影响的。像很多大机构想要买几百亿元的指数基金，就只能考虑沪深 300 或者中证 500 指数基金。

不过对普通投资者来说，不管是哪一类指数基金，都有规模几亿、几十亿的品种，已经足够满足普通投资者的需求了。

所以策略加权指数基金算是一个小而美的品种，适合普通投资者和资金量不太大的机构投资者。

## 投资者笔记

- 策略加权指数基金，也被称为聪明贝塔指数基金，通常会采用某种投资策略来挑选股票，不再按照上市公司市值规模的大小来挑选股票。
- 常见的策略加权指数有：红利指数、基本面指数、价值指数和低波动指数。
- 策略加权指数基金收益可能更好，但承载不了太多的资金，是一个小而美的品种。

# 第7章

# 掌握优秀的行业指数基金

**哪类行业天生更容易赚钱**

**必需消费行业：最容易出现大牛股的行业之一**

**医药行业：经济危机中的避险板块**

**可选消费行业：升级换代快，有周期性**

**行业指数基金该如何选择**

除了策略加权指数基金之外，还有一类基金品种，也是我们重点关注的，那就是优秀行业指数基金。

为何把行业指数基金单独放在后面介绍，而不是和前面的宽基指数基金一起介绍呢？这是因为行业指数的投资风险更高一些，不仅要考虑投资价值，还要考虑不同行业自身的特点和当前所处的发展阶段。

有时候，国家整体的经济发展不错，但有的行业反而一路衰败。

例如过去20年，我们国家经济发展得不错，如果长期投资宽基指数基金，我们可以取得不错的收益。但是如果我们投资了收音机、缝纫机行业，那么随着这些行业的萎缩，我们则会遭受到损失。

行业本身也容易受到一些行业事件和政策变化的影响，例如当年某奶制品污染事件，就对消费行业造成了很大冲击。这都增加了行业指数基金的投资难度。

行业有自己的投资特点，不能一概而论，我们需要针对行业的特点具体分析。所以就投资难度来说，行业指数基金比宽基指数基金要大不少。

那为何还要投资行业指数基金呢？因为行业指数基金能极大地丰富我们的投资品种。有的时候宽基指数基金没有太好的投资机会，但某些行业指数基金反而会出现投资机会，这就能对我们的投资起到很好的补充作用。

不过行业指数基金的投资难度确实大一些，所以刚开始接触指数基金投资的时候，建议投资者从宽基指数基金开始，积累了足够多的经验后再投资行业指数基金。

本章只介绍几种优秀的行业指数及其对应的基金。如果想要了解其他行业指数的知识，可以阅读《指数基金投资指南》一书。

## 哪类行业天生更容易赚钱

不同行业的赚钱能力是有很大差别的，有的行业天生就更容易赚钱，比如说必需消费和医药行业。

为什么呢？

我们先来想想开公司怎样才能赚到钱。

首先我们的客户得有需求，其次我们的产品要能够满足他们的需求。如果客户的需求稳定，我们才能持续地赚钱，如果客户的需求不稳定，我们就会"饥一顿，饱一顿"。例如很多券商，在牛市的时候门前车水马龙，在熊市的时候门可罗雀。

不过有时候，即使客户需求稳定，我们也不一定能赚到钱。如果生产的产品是同质化的，客户选择我们的产品和选择别人的没有区别，这就是一片"红海"，最终激烈的竞争会导致"价格战"爆发，将利润空间吞噬掉。例如，智能手机行业，很多智能手机生产商的利润很微薄。

那么，客户需求稳定、我们的产品也有别人模仿不了的优点，我们就一定能赚到钱了吗？其实也不然。有的企业需要经常再投入巨资以保证稳定的生产，赚到的钱如果不再投入，企业就经营不下去，这时候我们赚到的钱也不属于自己。例如，某些高污染的重工业、不注重风控的金融业，即使前期赚到许多钱，后期也会还回去。

所以，市场需求比较稳定，企业有"护城河"能保证一定的利润率，再投资需求小，能获得大量的自由现金流，只有拥有这些条件的行业，才能比较容易赚钱。

为什么可口可乐和茅台一度成为价值投资的标签呢？因为它们比较符合上面的条件：需求受经济周期影响小，品牌“护城河”能保证不错的利润率，再投资需求较小，赚到的钱大多都是自由现金流。

如果在二级市场投资这样的企业，想赚钱还要添加一个条件：企业愿意回馈股东，而不是乱花钱。如果企业是赚钱的，但是管理者把赚到的钱随意乱花、铺张浪费，或者进行风险很大的投资，也会导致企业出现问题。

任何一个行业都是国家经济不可缺少的一部分，只要走正确的路，任何一个行业都是能赚钱的，不过赚钱难度明显有差异。

天生更容易赚钱的行业有哪些呢？主要集中在消费和医药行业，例如医药行业、必需消费行业、可选消费行业。

## 必需消费行业：最容易出现大牛股的行业之一

### 必需消费行业及其对应的指数基金

必需消费行业也被称为日常消费行业、主要消费行业。必需消费，主要是维持我们正常生活所需要的各种消费品，例如饮料、酒、农副食品等。

必需消费行业也是需求最稳定的行业，不管经济情况如何，这些日常消费都是我们不可缺少的。正是因为这种很稳定的需求，必需消费行业也是巴菲特最喜欢的行业之一。巴菲特的经典投资案例，很多都是在必需消费行业上。像巴菲特投资的喜诗糖果（See’s Candies）、可口可乐、生产番茄酱的亨氏食品（Heinz）、生产剃须刀的吉列（Gillette）等，都是必需消费行业的公司。

## 必需消费行业指数

目前，必需消费行业的指数主要是以下四只。

上证消费指数：从上海证券交易所挑选必需消费行业公司。

上证消费80指数：从上海证券交易所挑选80家规模最大的必需消费行业公司。

中证消费指数：从中证800指数，即沪深300指数和中证500指数中挑选必需消费行业公司。

全指消费指数：从所有上市公司中挑选必需消费行业公司，覆盖范围最广。

追踪这些必需消费行业指数的指数基金如表7.1所示。

**表7.1　必需消费行业指数基金**

| 基金简称 | 基金代码 | 管理费率（%） | 基金规模（亿元） | 成立年限（年） | 场内/场外 |
|---|---|---|---|---|---|
| 华夏消费ETF | 510630 | 0.50 | 1.59 | 6.2 | 场内 |
| 汇添富中证主要消费ETF联接 | 000248 | 0.50 | 15.07 | 4.2 | 场外 |
| 汇添富中证主要消费ETF | 159928 | 0.50 | 15.25 | 5.8 | 场内 |
| 招商上证消费80ETF | 510150 | 0.50 | 1.52 | 8.5 | 场内 |
| 嘉实中证主要消费ETF | 512600 | 0.50 | 0.06 | 5.0 | 场内 |
| 上投摩根中证消费服务指数 | 370023 | 0.75 | 0.37 | 6.7 | 场外 |
| 招商上证消费80ETF联接A | 217017 | 0.50 | 1.25 | 8.5 | 场外 |

## 必需消费行业的主力：食品饮料行业

必需消费行业的公司90%都是食品饮料公司。所以，很多基金公司开发了食品饮料行业指数基金。

食品饮料行业，大概是与我们日常生活联系最紧密的一个行业了。

食品饮料行业中，白酒公司的占比最高，超过 50% 。剩下的主要是乳制品、调味品、肉制品等公司。像我们熟悉的伊利、蒙牛、双汇、海天味业等，都属于食品饮料行业的公司。

这些公司跟我们日常生活联系比较紧密，这些消费不太受经济波动的影响。

而且消费习惯一旦养成，是比较难改掉的，比如说北方人逢年过节喜欢喝白酒，小孩子每天喝奶，年轻人经常喝饮料。

另外，成熟的食品饮料公司，本身的利润率都不错，基本都有自己比较知名的品牌，享有一定的品牌溢价。

企业再投入的需求也比较小，也不太需要频繁的升级改造。像智能手机需要投入大量的精力去升级换代，因为消费者买新不买旧，但是像茅台等白酒反而是越老越好，越老越值钱。

巴菲特也是食品饮料行业的忠实爱好者，他很喜欢食品饮料行业“盈利稳定、现金流充沛、不太需要再投入”等特性。

这些特性，也让食品饮料行业成为 A 股长期收益最高的行业之一。

## 食品饮料行业指数

国内的食品饮料行业指数，主要是中证食品饮料行业指数。

这个指数是从 2004 年年底 1 000 点开始的，到 2018 年 10 月，指数点数是 11 800 多点，上涨约 11 倍。如果加上分红收益，则上涨到 14 700 多点，上涨约 14 倍。堪称 A 股收益最高的指数之一。

追踪食品饮料行业的指数基金，主要有：

（1）天弘中证食品饮料指数基金（001631），基金规模 2.6 亿元，管理费率 0.5% 、托管费率 0.1% ，平均一年 0.6% 的费率。

（2）国泰国证食品饮料指数基金（160222），基金规模 17 亿元，管理费率 1% 、托管费率 0.2% ，平均一年 1.2% 的费率。

以上两个食品饮料指数基金稍有不同。国证食品饮料指数基金的成份股是50只，中证食品饮料指数基金的成份股是85只，国证食品饮料指数基金更集中于大盘股上。这两只指数基金很相似，估值也差不多。

不过从费率角度，天弘中证食品饮料指数基金的费率低一些，国泰国证食品饮料指数基金是一只分级母基金，费率略高一点。

## 医药行业：经济危机中的避险板块

### 医药行业的两大优点：长牛、避险

每个人都离不开生老病死，生病了一定需要医药。人类这个基本需求不会因为经济不景气、自然灾害等而减少。因此，医药行业天生也是更容易赚钱的行业。

在绝大多数国家，医药行业都是几十年里发展不错的行业。

以美股为例，从1989年9月11日到2014年7月8日，标普500指数上涨了465%，而同期标普500医药指数上涨了969%。医药行业指数的涨幅高出了一倍多，其表现远远超越同期的标普500指数。

此外，医药行业指数还是经济危机中非常有价值的避险板块。即使整个国家的宏观经济不景气，医药行业指数也很有可能涨得不错。

以日本股市为例。从1992年到2012年，日本经济陷入“失落的二十年”。日经指数下跌25.6%，而医药行业指数上涨了92%，有14年医药行业指数都跑赢了日经指数。

我国医药行业指数的表现就更突出了。假如从 2004 年年底开始投资国内的医药行业指数基金，能收获 9 倍多的收益。

随着国内人口老龄化的严重，医药行业在未来很长一段时间里仍然是持续受益的。以上都说明，投资医药行业指数基金是不错的选择。

不过，相比必需消费行业，医药行业多了一个风险：政策风险。

很少有国家会出台法律去限制可口可乐、啤酒的销售，但几乎所有国家会针对医药行业出台大量的法律法规。

因为大多数时候，国家需要负担国民的一部分医疗支出。随着人口老龄化的严重，医疗支出压力越来越大，因此会反过来限制医药行业的利润空间。政策的变化，会直接影响医药行业的整体业绩。

仍以日本为例，大家都知道，日本老龄化很严重。因此，理论上日本医药行业会大大受益。但是实际上，政府没有足够的钱去支付越来越高的老年人看病的费用。那怎么办呢？

最后，就会演变为日本政府用政策去压迫医药企业，用企业利润来补贴百姓。政策风险会干扰医药行业的定价，从而影响利润率。

不过，优秀行业本身的特性是无法被干扰的。即使加上政策风险，医药行业仍然是数一数二的好行业，收益在所有行业中位于前列。

## 医药行业指数基金有哪些

医药行业因为本身比较受欢迎，所以对应的行业指数基金数量也非常多。常被用到的主要有以下几类。

- 300 医药行业指数：挑选了沪深 300 指数里的医药行业公司，主要是大型医药股。
- 500 医药行业指数：挑选了中证 500 指数里的医药行业公司，主要是中盘医药股。

- 中证医药行业指数：包含了300医药指数和500医药指数，基本覆盖了医药行业的大中盘股。
- 全指医药行业指数：从整个A股中挑选医药行业公司，它覆盖的医药公司是最全的。
- 中证医药100行业指数：挑选了市值最大的100家公司，等权重分配，每只股票分配比例都只有1%，定期平衡。

有很多基金公司都围绕医药行业指数开发了基金产品，相关指数基金如表7.2所示。

**表7.2 医药行业指数基金**

| 基金简称 | 基金代码 | 管理费率（%） | 基金规模（亿元） | 成立年限（年） | 场内/场外 |
| --- | --- | --- | --- | --- | --- |
| 易方达沪深300医药卫生ETF联接 | 001344 | 0.50 | 2.30 | 1.5 | 场外 |
| 易方达沪深300医药ETF | 512010 | 0.50 | 4.74 | 5.7 | 场内 |
| 南方中证500医药卫生ETF | 512300 | 0.50 | 0.40 | 4.6 | 场内 |
| 广发医药卫生联接A | 001180 | 0.50 | 9.64 | 4.1 | 场外 |
| 广发医药卫生联接C | 002978 | 0.50 | 0.56 | 2.9 | 场外 |
| 广发中证全指医药卫生ETF | 159938 | 0.50 | 16.95 | 4.5 | 场内 |
| 华夏医药ETF | 510660 | 0.50 | 0.71 | 6.2 | 场内 |
| 天弘中证医药100A | 001550 | 0.50 | 2.04 | 3.9 | 场外 |
| 天弘中证医药100C | 001551 | 0.50 | 1.64 | 3.9 | 场外 |
| 汇添富中证医药卫生ETF | 159929 | 0.50 | 1.23 | 5.8 | 场内 |
| 嘉实中证医药卫生ETF | 512610 | 0.50 | 0.11 | 5.0 | 场内 |
| 鹏华中证医药卫生（LOF） | 160635 | 0.75 | 0.48 | 3.8 | 场内/场外 |
| 国联安中证医药100A | 000059 | 0.80 | 14.76 | 5.8 | 场外 |
| 国联安中证医药100C | 006569 | 0.80 | 0.04 | 0.6 | 场外 |
| 国泰国证医药卫生行业指数分级 | 160219 | 1.00 | 19.02 | 5.7 | 场外 |

不过，并不是所有的医药行业指数基金都适合投资。有的基金规模太小，就不太合适。下面螺丝钉具体分析一下每个品类指数基金的特点。

- 300 医药行业指数基金：优点是，规模大，场内、场外都能买，有利于头部医药股的发挥。缺点是，如果头部医药股出问题了，那受到的影响也比较大。属于高风险、高收益的医药行业指数基金。
- 500 医药行业指数基金：规模较小，不到 1 亿元，我们通常不考虑这样的品种。
- 中证医药行业指数基金：跟 500 医药行业指数基金一样，大部分规模也不大，只有汇添富中证医药卫生 ETF 规模符合我们的要求。
- 全指医药行业指数基金：广发基金的全指医药基金规模比较合适。
- 中证医药 100 行业指数基金：国联安和天弘医药 100 比较合适，其中天弘医药 100 的费率比国联安的要低一些，如果看好中证医药 100 行业指数，可以考虑天弘医药 100 指数基金。

那具体投资的时候，该选择哪一只医药行业指数基金呢？

其实从收益率的角度，这几只医药行业指数基金都还不错。不过，很容易出现“黑天鹅”风险，也容易受到政策影响。假如指数基金过于重仓某些医药股，其实还是有风险的。

如果能做到足够分散，例如像中证医药 100 行业指数基金这样，每只成份股都只有 1% 左右的比例，那么，即使指数中某些股票出了问题，但是对整体的影响并不大。

如果愿意承担一些风险，可以选择全指医药行业指数基金，或者 300 医药行业指数基金。

## 可选消费行业：升级换代快，有周期性

### 什么是可选消费行业

必需消费指的是我们在日常生活中经常需要的食品、饮料等消费品，一般单价较低，消费频率较高，也是刚需。而可选消费则是和必需消费对应的。

什么是可选消费呢？从名字上也可以大致区分出来，可选消费指的是有钱的时候才会消费，这种消费可以提升我们的生活质量，但不是刚需。没有钱的时候，我们会推迟可选消费方面的支出，像高档手机、汽车、大家电等，都属于可选消费的范畴。

### 可选消费的特点

可选消费有如下特点。

（1）需求比必需消费弱，有一定周期性。

我们可以一星期不用空调、不开汽车，但是估计没有人能一星期不吃饭、不喝水。可选消费的需求不像必需消费那样稳定，如果经济形势不好，消费者会倾向于将可选消费推后，或者降级选用更便宜的产品。所以，很多时候可选消费会表现出更强的周期性。像家用电器、汽车行业等，都存在很强的业绩周期波动。

（2）受益于人口红利，特别是人均消费金额的提升。

可选消费非常受益于人口红利，特别是人均消费金额的提升。人口的增长、人均消费金额达到一定程度，都会促进对应的可选消费企业的兴起。

例如影视行业，这几年影视行业的爆发式发展大家有目共睹，但影视行业在之前很长一段时期都处于低速发展期。几年前，全国影视行业的利润加起来还不如一家排名第 10 的银行的利润，但现在票房超过 10 亿元的大片比比皆是。虽然这其中有网络发展、电影产业成

熟等因素的推动，但最根本的原因还是人均消费金额的提升。

由于目前国内人口老龄化在加剧，新增人口数在短期内来看并不乐观，所以可选消费未来的增长点主要在于人均消费金额的提升。我国人均每日消费金额的中位数在40～50元，这意味着还有7亿多居民的人均每日消费金额不足50元，未来还是有很大提升空间的。

（3）具有升级换代的特性。

可选消费有升级换代的特性。每个时代都有其具有代表性的可选消费产品和企业，这些企业在自己所引领的时代里能呼风唤雨，股价和业绩表现都非常惊人，但如果跟不上消费升级换代，企业就会衰落。

这一点跟必需消费形成了鲜明对比。我们对饮料、油盐酱醋等必需消费产品的升级换代并没有过多要求，今天吃的盐跟20年前吃的盐相比，差别并不大。但每隔一段时间，可选消费的产品就会升级换代。

这个特点会导致一个问题，就是如果某只可选消费行业的个股，在升级换代中被替换掉了，那么对投资者来说就会有很大的风险。所以对普通投资者来说，投资可选消费行业的指数是个不错的选择，指数囊括了一系列的相关股票，可以避免投资个股的风险。

目前可选消费行业指数基金比较少，如表7.3所示。

**表7.3　可选消费行业指数基金**

| 基金简称 | 基金代码 | 管理费率（%） | 基金规模（亿元） | 成立年限（年） | 场内/场外 |
|---|---|---|---|---|---|
| 广发中证全指可选消费ETF联接A | 001133 | 0.50 | 2.33 | 4.1 | 场外 |
| 广发中证全指可选消费ETF | 159936 | 0.50 | 2.25 | 5.0 | 场内 |

### 行业指数基金该如何选择

从长期收益的角度，消费、医药行业指数基金是高于所有行业指数基金平均值的，自然也是高于沪深300和中证500等普通指数基金的，跟部分策略加权指数基金的长期收益是一个级别。

那这么多的优秀行业指数基金，我们该如何选择呢?

行业指数本身收益好，但是相比宽基指数来说，波动也更大，也更容易受到政策、行业意外事件的影响。例如消费行业就出现过的一些负面事件，医药行业也出现过针对行业整体的政策限制。

投资这些行业指数基金时，需要承担这些额外的风险，所以投资难度比一般的宽基指数基金要大一些。

通常我们定投时，可以以优秀的宽基策略加权指数基金为主，以优秀行业指数基金为辅。例如以红利、基本面、价值、低波动四类策略加权指数基金为主，以消费、医药、中概互联行业指数基金为辅。

宽基指数基金比较稳健，适合作为投资主力。优秀行业指数基金长期收益出色，可以提高我们的定投收益效果。这样的思路，更适合普通投资者。

这几章，我们都是从“买什么”的角度，来优化我们的定投。

我们要挑选规模合适、费率低廉、追踪误差小的指数基金。

我们要挑选长期收益出色的策略加权指数基金和优秀行业指数基金。

定投还有两个很重要的环节，就是“怎么买”和“怎么卖”的问题。接下来，我们就来了解一下这两个环节该怎么优化和提高收益。

## 投资者笔记

- 天生更容易赚钱的行业主要集中在消费和医药行业。
- 宽基指数基金比较稳健，适合作为投资主力。 优秀行业指数基金长期收益出色，可以提高我们的定投收益效果。

# 第 8 章

## 挑选指数基金的三个秘诀

**秘诀一：基金规模小于1亿元不要选**

**秘诀二：挑选费用较低的基金**

**秘诀三：选择追踪误差较小的基金**

在前几章里，螺丝钉介绍了几十个指数，围绕这些指数又有不同的基金公司开发的几百只产品。

追踪一个指数的指数基金，数量可能很多，我们究竟要选择什么样的指数基金来投资呢？挑选指数基金有哪些需要注意的地方？

这一章，我们就来了解一下。

有的指数比较小众，可能对应的指数基金就只有一只。这种挑选起来会比较容易。但是像沪深 300、中证 500、上证 50 等指数，对应的指数基金品种很多。

如果我们搜索市面上的沪深 300 指数基金，会发现有几十只沪深 300 指数基金。几乎每家大型基金公司都有沪深 300 指数基金。

因为沪深 300 指数的规则是公开透明的，不同基金公司都可以围绕沪深 300 指数开发自己的产品。时间久了，市面上的沪深 300 指数基金数量就会非常多。这给我们的挑选带来一些困难。

挑选指数基金的时候，通常有三个比较重要的因素，分别是规模、费用和追踪误差。

## 秘诀一：基金规模小于 1 亿元不要选

### 什么是基金的规模

基金是基金公司开发出来的产品，在基金刚成立的认购期，以及基金成立之后开放申购期，我们都可以买到基金。这些资金汇集起来，就到了基金对应的托管账户中，最后基金经理用这些钱去购买股票、债券等资产。

一只基金所持有的股票、债券、现金等的总市值，就是这只基金的规模。

通常来说，我们不考虑规模太小的基金。

如果一只指数基金规模较小，它清盘的概率就较大。基金清盘并不是说我们的投资血本无归了，而是按照某一基金净值强制赎回，导致我们的投资中断。如果基金规模太小，那么基金公司运作这只基金可能就是亏本的，基金公司就有可能停止这只基金的运作。所以一般挑选指数基金的时候，会避开规模较小的指数基金，最好规模在 1 亿元以上再考虑。

## 什么是基金的清盘

基金公司是商业机构，也有运营成本的。如果基金公司不赚钱，就没有动力宣传，没有动力宣传基金规模就越小，导致恶性循环。

基金规模如果太小了，基金费率就会覆盖不了成本，那运营下去也就没有意思了。特别是一些比较冷门的指数基金，更是如此。所以，小基金有清盘的风险。

清盘不是说投资者血本无归。实际上清盘之前，基金公司会留出时间让投资者手动赎回要清盘的基金。即使开始走清盘流程了，最后基金公司也会按照一个净值强制赎回，把资金归还给投资者。

但这毕竟比较麻烦，影响我们的投资。所以通常我们不考虑规模小于 1 亿元的指数基金品种。

要注意的是，基金规模小于 1 亿元，并不意味着基金一定会马上开始清盘。基金公司也有可能愿意亏本运营基金。

截至 2019 年 3 月，国内有 651 只指数基金，但是有 296 只指数基金，规模小于 1 亿元。规模 2 亿元以上的，只有 255 只。

很多人都不太了解指数基金，导致很多质量不错的指数基金最后的规模很小。如果基金公司运作长期亏损，这只基金就逐渐清盘了。

## 基金规模大小对投资的影响

基金规模小，还有一些缺点。

基金运作的时候，会有一些固定费用。这些费用的金额是固定的，有的是营销费用，有的是律师会计等的费用，这些不管是大基金还是小基金都会有。如果基金规模较小，这些固定费用在基金净值中的占比就会比较高，影响收益。

例如每年固定费用如果是 50 万元，对一只规模 5 000 万元的基金来说，50 万元就占了 1%，每年拖累基金 1% 的收益。但如果基金规模是 5 亿元，那 50 万元就只占 0.1%，影响就小很多了。

基金规模小，还有可能在基金申购赎回的时候遇到一些流动性问题。例如规模太小的基金，如果遇到持有者大比例赎回，可能赎回到账时间就会比一般的赎回到账时间晚一些，虽然最后也是可以赎回的。

所以，我们挑选基金时，通常不考虑规模 1 亿元以下的基金品种。

那基金规模非常大呢？

如果指数基金的规模非常大，那理论上会对指数基金追踪指数产生麻烦。比如说一个指数背后的公司有 100 家，平均每家公司的规模是 10 亿元，这只指数基金，理论上的规模上限就是 1 000 亿元，因为背后公司股票总市值就这么大。给基金再多的钱，也买不到这个指数的股票了。

不过现阶段，在国内还不用担心。国内的指数基金品种还不太普及，指数基金总规模很小。大部分指数基金的规模都是几亿十几亿元。所以很长时间里，规模过大的问题都不需要担心。

## 基金会不会“跑路、爆雷”

这几年国内也出现过一些跑路、爆雷的金融产品，也有的朋友会有疑问，原来基金也会有清盘，那基金本身是不是足够安全呢？

首先我们要明白，什么是跑路，什么是爆雷。

什么是跑路呢？

就是我们投资了某个投资品种，然后这个品种卷钱消失了，导致投资者产生巨大的亏损。

什么是爆雷呢？

比如，P2P 把钱贷了出去，结果钱收不回来，资金周转不过来，导致无法支付投资者本金利息。

指数基金是不会出现这些风险的。为什么呢？

第一，成立公募基金公司门槛高。

在国内，想要发行公募基金，需要有公募基金牌照。

成立一家公募基金公司，得有起码 1 亿元的注册资本，并且是实缴的。其实，现在就算有 2 亿元的资本，也不一定能成立一家公募基金公司。而且这仅仅是最基本的要求，还要求股东资产规模要达标，并且最近 3 年没有任何不良信用记录。

所以，成立一家公募基金公司门槛还是挺高的，而且成立公募基金公司，就已经受到了严格的监管。

第二，任何一只公募基金都有托管人。

也就是说，一只公募基金产品，资金并不是直接存放在基金公司，而是放在托管银行。

我们看到公募基金的托管费，其实就是托管银行收取的。并不是所有银行都有资格成为托管银行。国内规模较大的头部银行才有托管资格。另外，国内规模最大的几家券商也有托管资格。托管银行或者托管券商的数量，比国内公募基金公司的数量还少。

我们申购基金的资金，都是放在这个托管账户上。基金经理可以调动这些资金去买股票、债券，但是卖出股票、债券所得的资金，只能放在这个托管账户上。

即使是基金公司，也没有资格把这些资金转到其他账户。所以这种托管机制，决定了公募基金是不可能出现跑路的情况的。

第三，公募基金受到证监会、基金业协会的严格监管。

无论是资金的投资，或是风险控制，或是整个投资的流程，都有专门的部门和负责人负责监控。公募基金公司自己也会做好风险控制。

虽然基金投资可能会产生亏损，但是从产品本身的结构上，不会出现基金公司卷钱跑路的情况。

我们知道了，公募基金不会跑路，那么会不会出现爆雷呢？

P2P 如果放贷给没有能力偿还的人，可能出现爆雷的情况。但是公募基金是不会的。

公募基金可以投资的对象受到严格的限制。比如说股票基金，只能投资上海和深圳证券交易所里交易的股票、债券等品种。不得投资非标准的金融产品。所以，爆雷的可能性很小。

但是，公募基金所投资的具体股票、债券的品种，有没有投资价值，还是需要基金经理或者投资者去判断的。

公募基金只是从产品形式上，避免了跑路和爆雷的风险。

## 基金销售平台倒闭了怎么办

还有的朋友有疑问，我们通常投资场外基金的时候，除了传统的银行渠道，也会使用像蚂蚁财富、天天基金、蛋卷基金这样第三方基金销售平台。

那么，基金销售平台会不会没有了呢？如果没有了怎么办？

其实，这样的平台是国家认证的基金销售平台，拥有正规的基金销售牌照，在基金公司的官网上也是有授权的。

在国内，基金销售平台必须要有基金销售牌照。而基金销售牌照，国内审批也是很严格的。市面上，一个基金销售牌照的门槛也到了1亿元以上。本身拥有基金销售牌照，就已经是一件不容易的事情。

像我们熟悉的蚂蚁财富、天天基金、蛋卷基金等，都是有销售牌照的平台。通常大的银行、证券公司，也有销售牌照。

虽然我们是通过这些正规平台来进行投资，但是这些拥有基金销售牌照的平台，并不会持有我们的资金，它们只是负责销售基金。

我们通过平台来投资基金，我们的资金其实最后是到了基金公司对应的托管账户中，平台本身与我们的资金是分隔的。

因此，即使平台没有了，我们也可以在基金公司那里找到我们之前买入的基金份额。不用担心。

实际上，销售平台本身通常是轻资产运作的，也没有太大的开销，所以绝大多数销售平台可以很稳定地存在下去。

### 基金公司倒闭了怎么办

还有一点，我们经常能听到某某基金清盘，但如果基金公司直接倒闭了，怎么办呢？

基金清盘不是说基金公司把投资者的钱吞了，而是选择某一天把基金持有者的基金份额强制赎回。

投资者可以按照某个净值来收回自己的资金，然后再去做其他的投资。

如果基金公司倒闭呢？在倒闭之前，其旗下的基金也会提前清盘了。

同样也是按照某一个净值强制赎回基金份额，投资者拿回资金后，仍然可以选择其他基金继续投资。

同样地，基金公司本身的运作成本也不高，大多数的公募基金公司也可以稳定地存在下去。

单只公募基金，如果规模在 2 亿元以上，对基金公司来说可以赢利，也可以长期存在下去。所以我们通常投资指数基金，也是选择规模在 2 亿元以上的品种。

总体来说，公募基金产品，是国内目前监管非常全面的金融产品。

证监会、银监会①、基金业协会、销售平台、基金公司、托管行，六方共同监管，保证公募基金产品从产品形式上风险最低。

我们投资的货币基金、债券基金、股票基金（包括指数基金），都是属于公募基金的范畴，它们在产品形式上都是没有问题的。

当然，虽然产品形式没问题，但是具体投资品种的价值，还是需要投资者自己判断。如果买的时候追高买入，还是有可能亏损的。所以公募基金投资的风险，在于投资者没有认识到投资品种的价值，容易高估的时候买入。这时收益是不理想的。

不过投资公募基金的时候，投资者不用担心产品跑路、爆雷等不必要的风险。这也是公募基金能成为全世界投资者的主要投资品种的原因。

## 秘诀二：挑选费用较低的基金

对指数基金收益影响比较大的，是基金的费用。

像我们在前面介绍过基金的管理费、托管费，也介绍过基金的销售服务费。

指数基金的费用主要是：申购费、赎回费、管理费、托管费。

### 透明的费率

指数基金的申购费率，通常是 1%～1.5%。如果直接通过银行购

① 2018 年，与保监会合并为中国银行保险监督管理委员会，简称银保监会。

买，通常就是1%~1.5%的费率，如果通过蚂蚁财富、天天基金、蛋卷基金等平台申购，申购费一般是打1折的，也就是费率平均在0.1%~0.15%。这个费用其实比较少，对我们的投资影响不大。

赎回费，目前如果持有基金在7天之内进行赎回的话，会有一个赎回费，费率为1.5%。超过7天之后，赎回费率通常是0.5%左右。我们投资指数基金是一个长期的过程，很多指数基金在持有1~2年之后就会免除赎回费了。

管理费，也是透明的，基金报告里就有。大多数指数基金管理费率在0.5%~0.8%，未来还会逐渐下降，最后会在0.1%~0.2%。因为指数基金同质化比较严重，如果某只指数基金的管理费率更低，那么它相比同类基金就更有吸引力。所以竞争越激烈，指数基金的管理费率就会越低。

托管费，费率一般在0.1%~0.2%。要注意的是，所有的基金都有管理费和托管费，不管是场内基金还是场外基金。我们看到的基金净值，已经是扣除了管理费和托管费之后的。

申购费、赎回费是交易的时候收取。管理费和托管费是持有的时候，每年从基金净值中扣除。

### 不透明的费率

不透明的费率有：分红税、印花税和交易佣金。

投资者收到基金分红没有分红税，投资者买卖基金也没有印花税。

不过基金本身会投资股票。当基金本身收到成份股的分红时，是需要交分红税的；当基金买卖成份股时，也需要交印花税、交易佣金。

这几项费用免不了，是国家或者券商收取的。

好消息是，指数基金的调仓频率是固定的，每年只能调整1~2次仓位，所以换手率相对低一些。

关于交易佣金，在基金的年报中也会有介绍。这也算是投资指数基金所面临的费率。大多数指数基金的交易佣金，一年下来大约在 0.1%~0.4%。而主动基金，很多在 1% 以上，因为主动基金的平均换手率远高于指数基金。

这部分费用，不同的基金是不同的。从整体上来看，指数基金在所有股票基金中，这部分不透明的费率是最低的。

## 各类费率的影响

以上费用里面，对我们来说，最多的是管理费（0.5%~0.8%/年），其次是交易佣金（0.1%~0.4%/年），再次是申购赎回费(0.1%~0.15%/次)。其中管理费、交易佣金每年都会有。

并且交易佣金是必然会有的，这部分费用不受基金公司控制。这个费用的产生，主要是由于散户申购、赎回了基金，那么基金公司就必须要去买入、卖出对应的股票份额。

通常来说，如果频繁交易，这部分费用会很高。

只能说慢慢地让国内投资者养成长期投资的习惯，不要频繁买卖，这部分费用才会降低下来。

而管理费，随着指数基金竞争的激烈，其费率会逐渐降低。现在也有很多基金公司，愿意推出一些管理费率比较低的品种。我们应该尽力寻找费率低的优质指数基金来投资。

总体来说，指数基金的费率，是所有金融产品中最低的。只要不频繁做短线交易，这就是国内费率最低的金融产品了。其他类型的金融产品，费率远远比指数基金要高。

回到沪深 300 指数基金上，有的沪深 300 指数基金，管理费率一年可能是 0.8%，而目前管理费率最低的沪深 300 指数基金，管理费率是 0.2%。一年差距就有 0.6%。

如果算上托管费等其他费用，那就更高了。聪明的投资者自然会想到，如果挑选费率低的沪深300指数基金，就可以获得更好的收益了。

### 基金的费率如何查询

在基金公司的官网，我们可以找到基金产品的页面，上面会有基金的招募书和定期报告。里面都会介绍这只基金的管理费率、托管费率等是多少。

本书介绍指数基金的章节，也有汇总国内主流指数基金的管理费率等，可供查询。

## 秘诀三：选择追踪误差较小的基金

还有一个影响指数基金收益的因素，就是追踪误差。

追踪误差是一个经常被忽略的问题。这个追踪误差，其实是指数基金特有的一个衡量指标。

我们知道指数基金追踪指数、复制指数，那指数基金的收益自然也跟指数相似。

但是有没有可能，基金公司没有追踪好指数，导致指数基金产生了比较大的误差呢？也是有可能的。

例如说指数上涨了30%，但是指数基金只上涨了20%，那就说明指数基金跑输了指数。

如果我们判断对了指数的投资价值，结果到头来，指数基金却产生了追踪误差，跑输了指数，那岂不是很不幸？

### 追踪误差怎么看

这个追踪误差怎么看呢？

追踪误差在基金公告里就有写，这是每只指数基金需要定期披露的数据。

这个误差，主要是看两个方面。

第一，基金份额净值增长率与业绩比较基准收益率的差值。

基金份额净值增长率，就是这段时间里，基金净值上涨了多少。业绩比较基准收益率，就是这段时间里，指数上涨了多少。它们之间的差值，可以衡量收益上的差距。

如果基金净值增长率比业绩比较基准的收益率高，差值就是正的，就说明基金的收益比指数的默认收益好。起码，指数基金没跑输指数。

第二，基金份额净值增长率标准差与业绩比较基准收益率标准差的差值。

这个指标不常用到。标准差指的是衡量基金净值追踪的拟合程度，如果标准差的差距小，就说明基金在每个时间段的追踪情况都比较贴近于指数。

总体来说，第一个是衡量指数基金的收益是不是追得上指数，第二个则是衡量指数基金的走势是不是贴得上指数。

从我们投资指数基金的角度来说，通常前者更重要，也就是基金净值是不是跑赢了指数基准。毕竟我们更在乎收益率。

当然，第二个也很重要，它可以让我们看到每个时间段指数基金的净值是不是与指数比较接近。

我们可以在基金的定期公告中看到基金的年报和季度报，年报和季度报里都是有追踪误差情况的。

也就是我们说的“基金份额净值增长率与业绩比较基准收益率的差值”和“基金份额净值增长率标准差与业绩比较基准收益率标准差的差值”。

举一个例子，在某个月里，如果基金份额净值增长率 - 业绩比较基准收益率 = 0.74%，说明这个月指数基金跑赢了指数 0.74%。也就是说，指数基金跑赢了指数。如果基金份额净值增长率标准差－业绩比较基准收益率标准差＝0.01%，这个值越接近0%，说明指数基金与追踪指数贴合得越好。

## 追踪误差是好是坏

其实A股大部分指数基金都是跑赢指数的。这是因为指数不考虑分红，而指数基金可以收到分红，这会产生一些超额收益，让指数基金的净值超越指数。

就算是本身股息率比较低的指数基金，长期来看，也有很多是跑赢指数的。这是因为国内的指数基金可以打新，打新收益会增加到基金净值里，也会让指数基金跑赢指数。

那跑赢了算不算产生了追踪误差呢?

其实严格来说，指数基金跑赢了指数，也算是产生了追踪误差。

这是一种正向的误差。对买入指数基金、上涨后卖出享受收益的投资者来说，这种误差是好事。

但是如果是跑输了指数的误差，那对买入持有的投资者就不利了。

在特殊时间段，指数基金的误差会放大，例如在牛市短期大涨的时候和熊市短期大跌的时候。

牛市短期大涨，会有大量的投资者，抢着申购指数基金。这些资金到了基金公司那里，它们买入股票是需要时间的。但这时可能股票短期里仍然在大涨，这就导致牛市里部分指数基金会暂时跑输指数。这种情况基金公司也没有太好的办法。

还有一种情况，是熊市短期大跌的时候。牛市过去之后，可能市场会有一些短期大幅下跌。例如2015年6月牛市达到了最顶峰，之后几个月市场短期大跌。下跌过程中，很多上市公司临时停牌。停牌后，这些公司的股票是无法交易的，指数基金持有这些公司的股票，自然也无法卖出。这也会对指数基金的追踪产生一定误差。

不过市场不会一直上涨，股票也不会一直停盘。当这些时间段过去，指数基金的追踪又会回归正常。所以遇到短期出现追踪误差时，如果是上面两种原因，也不用过于担心。

总体来说，规模至少大于 1 亿元、管理费率和托管费率等越低、追踪误差控制良好的指数基金，是我们主要考虑的对象。

对规模、追踪误差的要求，主要是减少一些不必要的风险。

费率低了，长期来看可以提高 0.3%~0.5% 的年化收益率，非常有效地增加我们的收益。

挑选指数基金品种，这是一个基础的优化我们投资收益的操作。

这些并不复杂，只要知道了对应基金品种的规模、费率、追踪误差等信息，就可以做出决策。

定投指数基金还有一些其他的技巧，可以帮助我们提高收益。我们将在接下来的几个章节中，为大家一一介绍。

## 投资者笔记

- 挑选指数基金的时候，通常有三个比较重要的因素，分别是规模、费用和追踪误差。
- 值得考虑的指数基金，通常符合这三个条件：规模至少大于 1 亿元，管理费率、托管费率等越低越好，追踪误差控制良好。
- 普通投资者投资公募基金时，不用担心产品跑路、爆雷等不必要的风险。

# 第 9 章

## 结合估值的定投，让你赚钱更容易

为什么指数基金长期收益不错，但投资者不赚钱

什么是估值

相对估值法和绝对估值法

在估值过程中，我们要关注哪些因素

估值指标一把手——市盈率

估值指标二把手——市净率

衡量现金分红收益率的指标——股息率

股息率的神奇之处

不同的估值方法

盈利保持不变：看现金流收益率高低

盈利稳定增长：盈利收益率法

盈利快速增长：博格公式法

改进后的定投法：收益更好、风险更低

## 为什么指数基金长期收益不错，但投资者不赚钱

在前面几个章节中，我们介绍了很多不错的指数基金。有的朋友看完了这些章节，会有一些疑问：我看这些指数，动不动就10年上涨三四倍、五六倍，甚至涨幅高达10倍的都有。但是现实生活中，身边的同事、朋友，很多人买股票基金不仅不赚钱，反而是亏钱的。这到底是怎么回事呢?

### “七亏二平一赚”是什么意思

“七亏二平一赚”，意思是10个投资股票基金的人，有7个是亏损的，2个是不赔不赚的，1个是有盈利的。

但是国内的股票基金的净值，整体长期是上涨的。2018年5月16日，证监会专门写了一篇文章，里面提供了来自官方的基金收益数据。原文如下。

> 截至2017年年底，公募基金偏股基金年化收益率平均为16.5%，债券基金平均年化收益率为7.2%。公募基金行业累计分红1.71万亿元。为投资者整体创造了很不错的长期价值。

16.5%，这不是总收益，而是每年平均的年化收益率！

这已经是相当可观的一个收益率了，超过我们普通投资者日常生活中常见的大多数投资品种。

股票基金这个品种在国内的收益率本身很不错，这一点毋庸置疑。

但是，很多股票基金的投资者并未赚到钱。

之前有一个网站针对投资者做过回测：仅仅是持有现金，可以跑赢接近70%的股票投资者。换句话说，有70%的股民投资股票的收益还不如只持有现金。如果简单买一个银行理财产品，能跑赢股票投资的比例还会更高。

这个比例放在股票基金上，也是成立的。很多人投资股票基金，也是被套的。

## 追涨杀跌导致投资者的收益不理想

为什么股票基金整体是赚钱的，但是股票基金投资者是亏损的呢？

一个很重要的原因，就是这些投资者往往是在股市大幅上涨之后开始入市，并且往往是涨得越多，买得也越多。最后买在了高位，之后市场下跌，收益自然是惨淡的。

这也是新手投资的一个缺陷：追涨杀跌。

我们看看2005—2015年，国内所有新增基金开户数的走势，再对比一下同期的A股走势，如图9.1所示。

大家发现了什么呢？

（1）两种走势高度重合。在市场比较低迷的阶段，基金开户数也比较低迷。很少人在熊市对股票基金感兴趣，但是通常熊市是投资指数基金的好时机。

（2）在市场短期大涨指数基金变得比较贵之后，才会有大量

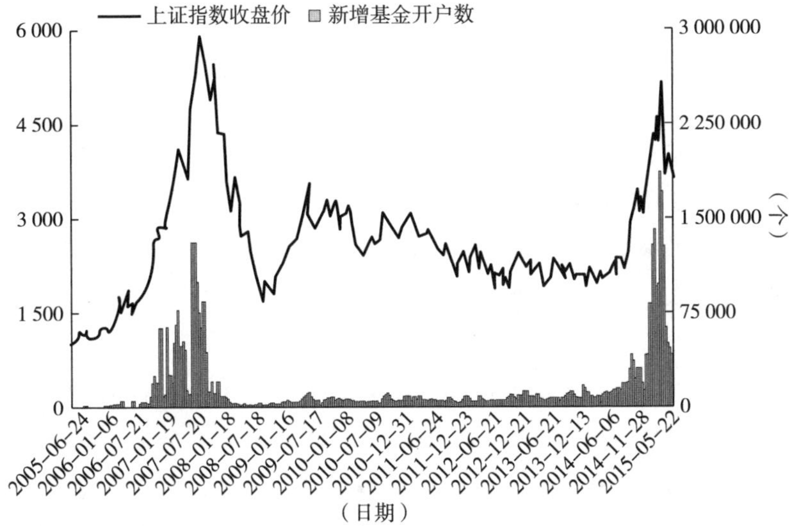


**图 9.1　2005—2015 年，国内所有新增基金开户数与同期 A 股走势**

的人开通账户，开始投资股票基金，例如 2007 年牛市和 2015 年牛市。

在过去的十几年里，有超过 70% 的投资者，是在牛市的阶段才开始投资股票基金。市场涨得越多，股市的财富效应越明显，对投资者的吸引力越大，进入市场的投资者也越多。

当市场上涨到 5 000～6 000 点的时候，也是进入市场的股民数量最多的阶段。这些投资者在便宜的时候没有买入，在贵的时候买入了，自然就会亏钱。

投资者投资指数基金最大的一个误区，就是认为一只指数基金好就自始至终投资它，不管贵贱。

实际上，仔细想一想就知道这并不合理。

超市买西瓜，一元一斤还可以接受，但忽然有一天涨到 30 元一斤，我们就不会去买了。

指数基金也是如此，同样的指数基金，如果变贵了，相比较之前，它的投资价值就会下降。所以指数基金并不是一直都处于适合定投的状态的。

我们来看看王大爷的例子。

王大爷在2014年7月的时候，买了2万元的沪深300指数基金，到了2015年的5月，王大爷打开账户一看，发现当初买的2万元的基金变成4万元了。不到一年的时间里，收益直接翻番，相当惊人。王大爷很高兴啊，这只基金这么好，这么容易赚钱，当初应该多买点。

于是王大爷在2015年5月又拿出10万元，买了同样一只基金。结果，这一次投入的10万元，到了2016年年初，不仅一分钱没赚，还赔了一万多。

王大爷就很纳闷，为什么同样一只指数基金，第一次买能赚钱，第二次买就亏了呢？

原因很简单，第二次，王大爷买贵了。

买指数基金和买房子是一个道理。价值100万元的房子，你花200万元去买就买贵了。房子买贵了，再卖出去说不定会亏本；同样，指数基金买贵了，我们再想赚钱就很困难了。所以，我们要在指数基金便宜的时候去买，而不是贵的时候去买。

这也就是我们对定投指数基金的另一个优化：指数基金有自己的投资价值，我们要在指数基金值得投资的阶段买入。如果在牛市大涨后投资指数基金，反而容易遭遇亏损。

通常来说，指数基金在熊市值得坚持定投，而短期大涨之后进入牛市，指数基金包括其他股票基金，反而不适合投资。

那么问题来了，我们怎么判断是熊市还是牛市，以及适不适合开始投资指数基金呢？

这个问题的答案，就是估值。

## 什么是估值

### 没有哪种估值方法，可以精准计算价值

简单来说，估值就是估算一个投资品种的价值，知道这个品种大概值多少钱。

类似的概念，其实我们在日常生活中都在使用。例如，我们去超市买西瓜，如果面前摆着一个西瓜，并没有标价格，我们称了一下是 10 斤重，那这个西瓜多少钱呢？我们凭经验估算，夏天通常一个西瓜的单价是 0.6～0.8 元/斤，那 10 斤重的西瓜，应该是 6～8 元。这个过程，就是给西瓜的一次估值。

我们能不能准确地估算出这个西瓜的价格呢？并不能，可能这个超市的西瓜是卖 0.67 元/斤。我们靠估算，是没有办法得出准确的数字的。但是我们可以给这个西瓜估值，确定在 0.6～0.8 元/斤这个范围。

因此，我们可以看出估值的第一个特点：没有哪种估值方法，可以精准地计算出价值。

我们估算出这个西瓜价格应该是 0.6～0.8 元/斤。结果问了一下超市的店员，这个西瓜目前价格是 0.5 元/斤，比我们估算的价格低不少，这是一个好价格。用这个价格买下这个瓜，我们不亏。

从这里，我们可以看出应用估值的方法：

在价格低于估算出来的价值时，买入，这样才划算。没有人愿意用 1 元买价值 0.8 元的东西。

这也是巴菲特的老师——本杰明·格雷厄姆（Benjamin Graham）提倡的投资方法：价值投资。估值是投资中很重要的一部分，学会估值方法，是实践价值投资的第一步。

## 估值是一门艺术，不是科学

不过，不同的人，得出的估值结论并不一致。

继续使用上述例子，我们根据西瓜过去一年夏天的平均价格，估算出今年西瓜平均价格的合理范围，可能是0.6~0.8元/斤。但是，如果我们问一下种西瓜的瓜农，他们说今年种西瓜，肥料、水电、物流、人工的成本都比去年要高一些，要想不亏本，西瓜得卖0.9元/斤。瓜农认为，这个才是西瓜的合理价格，因为低于这个价格大多数瓜农会亏本。

瓜农说的有没有道理呢？也有道理。

估值并不是一个有明确客观标准的计算流程。估值本身是有一定主观性的。甚至在很多时候，都是公说公有理、婆说婆有理。更何况每个人都有自己的信息来源、知识储备和认知水平，同一件事情，不同人得出的结论是不一样的。甚至同一件事情，同一个人从不同的角度，得出的结论也不一样。

估值并不是一门严谨量化的科学。有句话说得好，估值是一门艺术而不是科学。

所以，当我们看到不同人用同一种估值方法得出不同结论的时候，不要惊讶。这才是正常的情况。

那是不是说我们就没有办法利用估值了呢？也不是。

格雷厄姆就提出了一个理论：安全边际。简单理解，我们可以给计算出来的估值，保留足够的安全边际。这样，即使估算有偏差，保留了安全边际之后也可以使用了。

例如，我们估算出西瓜的价值在0.6~0.8元/斤，那可能不是很保险。我们给估算出来的价格打个折扣，例如0.4~0.6元/斤。打折后就更低了，保留了更大的安全边际。

这样就把不稳定的、有偏差的数据，变成了一个可以依赖和使用的数据了。这就是安全边际的重要性。

## 相对估值法和绝对估值法

估值的方法有哪些呢？目前市面上流行的估值方法有几十种。但是，这么多的估值方法从原理上来说，可以分为两类：相对估值法和绝对估值法。

### 什么是相对估值法

比如说卖房子，通常用的就是相对估值法。

例如，王大爷家里有两套房子，想卖掉一套。

卖房子自己得有一个的心理价位，王大爷就去房地产中介那里询问小区的房价。中介告诉王大爷，小区同户型的房子，这周卖了 200 万元。于是，王大爷就把这个作为自己房子的估值，心想有人来买他房子的时候，他开价不会比这个价格低。

第二个月，中介告诉王大爷，同小区的房子从 200 万元涨到 210 万元了，王大爷也同步提升了自己房子的出售价格。

王大爷通过比较的方法，完成了给自己房子的估值，这就是相对估值法的一种应用。

相对估值法，核心在于一定是有参照物的。这个参照物，可以是同类比较，可以是历史比较。

### 什么是绝对估值法

我们可以看一个案例。

王大妈从楼下的银行买了 1 万元的 3 年期封闭理财产品，到期后总收益率估计为 10% 。换句话说，3 年后王大妈能一次性拿回 1 万元本金，外加 1 000 元的收益。

但是，王大妈买完的第二天，王大爷生病了急需用钱。王大妈没办法，只能把邻居叫过来，对大家说，“我手里这个理财产品刚买的，谁要就出个价吧”。

邻居小明心想，我最近在投资指数基金，估计每年 10% 以上的收益率问题不大。如果王大妈出的价格低，我买了，能赚到接近指数基金的收益，那也是不错的选择。这个理财产品 3 年后能拿回 11 000 元的“本金 + 收益”，如果我想要赚每年 10% 的收益率，那我现在的出价应该是 $11\ 000/1.1^3=8\ 264$ 元。所以，只要我出价不高于8 264 元，就可以从王大妈的这个理财产品上，赚到每年超过 10% 的年化收益率了。

小明的这个估值过程，就是绝对估值法。

绝对估值法的核心，是围绕投资品种未来所能产生的现金流来的。

一个投资品种在它生命周期内所能产生的现金流的折现值之和，就是这个品种的绝对估值。

## 两种估值方法的应用

在现实生活中，这两种估值方法都经常能遇到。

实际上无论用哪一种方法给一个品种估值，最后的结论应该是差不多的。如果一个品种处于低估便宜的阶段，那用相对估值法和绝对估值法，都可以得出“这个品种低估”的结论。

通常一个资产的未来现金流越明确，绝对估值法计算得就越精准。但是股票等资产的未来现金流比较难精准预测，所以绝对估值法在股票品种的估值上，经常会有很大偏差。从原理上来说，绝对估值法是更贴近一个品种的真实价值的。

实际应用的时候，这两种方法我们都可能会用到。结合起来，可以帮助我们更好地完成估值。

## 在估值过程中，我们要关注哪些因素

### “奥卡姆剃刀”原理

影响估值的因素有很多，比如说今天市场又出了什么利好消息、明天又有哪家公司的业绩大涨。影响股票涨跌的因素，可能有数千种，实际上我们不可能同时兼顾太多的因素。

14 世纪的英国逻辑学家奥卡姆（Ockham）提出一个原理：“如无必要，勿增实体”。这个原理被称为“奥卡姆剃刀”原理。

他认为，事情应该从复杂变为简单。如果解决一个问题的方法有很多种，我们应该选择最简单的那一种。如果一个问题有多种解释，那需要最少步骤和假设的解释更有可能是正确的。

对于“如何估值”来说，就是：当一个问题有多种解决方案的时候，那就应该选择最简单的解决方案。这个解决方案包括最基本的重要元素即可。如果能用 3 个指标就可以完成估值，那用 6 个就是自找麻烦。

### 约翰·博格：对指数基金收益影响最大的三个因素

“指数基金之父”约翰·博格（John Bogle）在分析指数基金的时候，就应用过“奥卡姆剃刀”原理。

影响指数收益的因素实在是太多了：上市公司的盈利、国家的政策法规、经济环境、企业的竞争、管理层的好坏、投资者的心理情况、资金面、汇率波动……每一个因素都有可能在短期里影响指数的走势。

不过约翰·博格应用“奥卡姆剃刀”原理，总结出对指数基金收益影响最大的三个因素为市盈率、盈利、分红。通常明白这三个因素的变化，我们就能判断出指数基金的长期收益。另外，企业的净资产也是很重要的一个因素。

这就是我们给指数基金估值，最常用的几个因素。我们整套估值体系，也是建立在对这些因素的分析上，这样就避免了过多因素对我们估值分析的干扰。

对指数基金投资者来说，指数基金是一个简约版的股票资产。一家上市公司该有的净资产、盈利等，指数基金作为一篮子上市公司股票的集合，也是都有的。而且，相对于个股来说，指数基金的盈利、净资产、分红会更加稳定，因此在给指数基金估值的时候也更容易、成功率更高。

所以同样的估值方法应用在指数基金上，会更适合普通投资者。

这是对指数基金进行估值的优势。下面我们就来了解一下，这几种估值指标是什么。

## 估值指标一把手——市盈率

市盈率指标出现很长时间了，它使用方便、含义清晰，可以说是应用范围最广泛的估值指标了。

不过，市盈率指标也有一些缺点，如不适合用在盈利变化大的品种上，不适合强周期性品种，遇到金融危机和经济周期的底部会失效等。

所以也有很多金融学家在不断优化市盈率。

### 静态市盈率

静态市盈率是指，市值/上一年度财报的净利润。比如说在 2019

年年中，我们看静态市盈率，就是用市值/2018年财报的净利润。

### 滚动市盈率

时效性更高的滚动市盈率是指，市值/最近四个季度财报的净利润。相对来说时效性高一些。

螺丝钉经常用的就是滚动市盈率。

滚动市盈率每个季度更新一次。比如说在2019年7、8月，上市公司会更新半年报。半年报更新完成后，上市公司如果盈利上涨，滚动市盈率就会下降。

静态市盈率和滚动市盈率都是根据已经公布的财报来计算的，是客观的估值指标。只不过时效性不同，相对来说，滚动市盈率的时效性会更强一些。

### 动态市盈率

预测未来的动态市盈率是指，市值/预测未来一年的净利润。动态市盈率通常是用未来一年的盈利来计算估值，但是这个未来一年的盈利，是预测的。

未来谁也无法准确预测，所以就会有偏差。大多数时候，我们都不用动态市盈率。

### 席勒市盈率

罗伯特·席勒（Robert Shiller）是著名的经济学家，《非理性繁荣》（*Irrational Exuberance*）就是他的著作。这里的席勒市盈率，是他对市盈率的一个改良。

一般的市盈率，使用一年的净利润时会遇到一些特殊情况而产生较大波动。所以巴菲特的老师格雷厄姆建议用多年的平均净利润来作为参考。

席勒在这个基础上，编制了席勒市盈率，也被称为 CAPE。席勒市盈率使用过去 10 年的平均净利润作为分母，也就是市值/过去 10 年平均净利润。

这种方式的市盈率的好处，是避免了某一两年特殊情况的干扰。比如说 2007—2008 年金融危机的时候，美国上市公司整体盈利大幅下滑，标普 500 指数的静态市盈率被动上升到了上百倍。但是如果用席勒市盈率，则避免了这种干扰，继续有效。

通常来说，盈利是长期上涨的，所以 10 年的平均净利润，会比最近一年的净利润要低。所以，席勒市盈率比静态市盈率要高一些。

需要注意的是，席勒市盈率是用来衡量一个股票市场整体情况的，特别是对有较长历史的市场比较适合。比如说国内的创业板，历史太短，就用不了席勒市盈率，但像历史比较悠久的港股市场是可以的。

### 中位数市盈率

中位数市盈率，是指数中才有的一个估值指标，个股中反而没有。

所谓的中位数市盈率，就是将一个指数的成份股，按照市盈率从高到低排序，取排在中间的。

比如说上证 50 指数有 50 只成份股，市盈率中位数就是排中间位置的第 25 位股票的市盈率数值。

中位数市盈率有什么用呢？

有的指数，部分成份股占据指数绝大多数比例，这样的指数，市盈率可能会被部分权重股票“绑架”。

什么意思呢？

就是说指数中，有可能其他股票已经大涨，但权重股票还没有大涨，显得指数“还处于低位”。这时，中位数市盈率就派上用场了。

中位数市盈率会更敏感，在牛市的时候，会比指数本身的市盈率波动更大。这样避免了权重股“绑架”指数导致估值失真的影响。

那什么样的指数适合参考中位数市盈率呢？

如果指数成份股的平均市值规模差别并不大，那这样的指数，参考中位数市盈率意义不大。

如果指数成份股的平均市值规模差别比较大，那这样的指数，可以辅助参考一下中位数市盈率。

例如牛市的时候，如果中位数市盈率先进入了高估区域，那说明这个指数其实大部分股票都涨了比较多，可能有风险了。

各种不同的估值指标，都是我们的武器。谈不上哪个指标更先进。从多个角度考虑，能更好地为我们的投资保驾护航。

## 估值指标二把手——市净率

除了市盈率，市净率也是我们常用的估值指标。市净率通常是作为二号指标来参考的。

### 什么是市净率

市净率是指每股股价与每股净资产的比率，也就是我们说的账面价值。

市净率的定义是：PB = P/B（其中 P 代表公司市值，B 代表公司净资产）。

净资产，通俗来说就是资产减去负债，它代表全体股东共同享有的权益。具体的计算在上市公司的年报中都有。

净资产这个财务指标比盈利更加稳定。而且，大多数公司的净资产都是稳定增加的，可以计算出市净率。

相比较市盈率来说，市净率会更稳定。因为盈利是一个时间段里产生的，而净资产是积累起来的。

某一年的企业经营好坏可能会对企业的盈利产生比较大的影响，但比较难对企业的净资产产生太大的冲击。

或者说，只要一家企业还没有亏损，大多数时候，净资产都是增长的，市净率就可以参考。

## 影响市净率的因素

### 企业运作资产的效率：ROE

说到市净率，就不得不说净资产收益率（ROE），ROE 等于净利润除以净资产。

对企业来说，资产本身是企业运营的素材，企业需要运作资产，并由此产生收益，资产才有价值。

针对同样的资产，有的企业可以运作它，产生更高的收益，获得更高的资产运作效率。衡量资产运作效率的重要指标就是 ROE。

个人认为，ROE 是企业所有经营指标中最关键的一个。

巴菲特的老搭档查理·芒格（Charlie Munger）也说过：

> 从长期来看，一只股票的回报率与企业发展息息相关，如果一家企业 40 年来的盈利一直是资本的 6%，即 ROE 为 6%，那 40 年后你的年均收益率不会和 6% 有什么区别，即使你当初买的是便宜货。
>
> 如果该企业在 20～30 年的盈利都是资本的 18%，即使当初出价高，其回报依然会让你满意。

ROE 越高的企业，资产运作效率越高，市净率也就越高。

### 资产的价值稳定性

资产的种类多种多样，有的资产能够随着时间增值，有的则会随着时间迅速贬值。

例如茅台，正在酿造中的白酒会随着时间不断增值，但是英特尔公司生产的电脑芯片，如果没有及时销售，就会迅速贬值。

资产价值越稳定，市净率的有效性越高。

### 无形资产

传统企业的净资产很大一部分是有形资产，例如地皮、矿山、厂房、原材料等。它们的价值比较容易衡量。

但是也有很多资产是无形资产，其价值很难衡量。例如企业品牌、高级技术工程师、企业专利、企业的渠道影响力、行业话语权等。

如果一家企业主要靠无形资产来经营，像律师事务所、广告服务公司、互联网公司，那市净率就没有多少参考价值了。

### 负债大增或亏损

净资产是公司的资产减去负债。

如果公司的负债不稳定，极有可能会干扰净资产。公司如果出现亏损，可能会侵蚀更多的资产，导致净资产减少。

从这里我们可以看出，当企业的资产大多是比较容易衡量价值的有形资产，并且是长期保值的资产时，比较适合用市净率来估值。

还有一点是，行业要始终都是赢利的。比如说证券行业，在熊市的时候盈利是大幅下滑的，不过即便是大幅下滑，大多数时候证券行业也是挣钱的。这样净资产就不会受到太大的侵蚀。

但是如果在周期底部，企业经营不好，整个行业大范围亏损，那这样的行业，就不适合参考市净率了。

另外，在一些比较特殊的时间段，如遇到短期的经济危机，原本盈利稳定的宽基指数基金会在短期内盈利不稳定，也可以用市净率来辅助估值。

像2008—2009年美国次贷危机的时候，美股的盈利就出现了短期的大幅下滑。

这种下滑是不会长期持续的，但确实会影响用市盈率估值。这时，就可以用市净率来辅助进行估值。

之前有朋友问，如果盈利下滑导致市盈率被动上涨，这种情况下市盈率不能参考了，该怎么办。

此时，我们就可以用二号估值指标——市净率。

## 衡量现金分红收益率的指标——股息率

### 什么是股息率

股息率是指，现金分红/市值。

股息，是投资者在不减少所持有的股权资产的前提下，仍然可以直接分享企业业绩增长的最佳方式。

我们都知道，有的股票是会分红的。如果我们用过去一年公司的现金分红除以公司的市值，得到的就是股息率了。

股息率衡量的就是现金分红的收益率。

那么，每年的现金分红从哪里来呢？这主要就是来自企业的盈利了。

企业每年会拿出一部分盈利，以现金分红的形式，分给股东。

股票，很早以前就出现了。但是，股票市场是最近两三百年才兴起的。在股票市场出现之前，人们交易股票，主要是自己私底下交易，很不方便。所以，当时绝大多数股票持有者都是长期持有股票，依靠股票的分红来获取收益。

## 分红比例是什么

说到股息率，就不得不说分红比例，也就是分红率。乍一看，股息率、分红率这两个概念很像，但实际上是不同的。分红率，也叫作派息率、分红比例。

简单来说，股息率，是企业过去一年的现金派息额除以公司的总市值。分红率，则是企业过去一年的现金派息额除以公司的总净利润。

这两个比率，分子一样，但分母是不同的。一个是公司总市值，一个是公司当年总净利润（当然，细节上还有一些不同，例如分红还要扣税等，但大体上可以这么理解）。

分红率一般是公司预先就设置好了，并且连续多年都不会改变。例如中国工商银行等，分红率都在 50%。也就是说，中国工商银行会把过去一年净利润的 50%，以现金的形式进行派息。

而股息率，则会随着股价波动：股价越低，股息率就越高。

## 股息有什么用

作为普通的二级市场股东，我们买入股票是享受不到很多权利的。

巴菲特可以用巨额资金将整家企业买下来。例如巴菲特用 2 500 万美元买下喜诗糖果，而当年喜诗糖果的净利润有 208 万美元。

作为公司的实际掌控者，巴菲特可以自由抉择这 208 万美元的净利润是用来再投资还是花掉。但是，普通投资者是无法插手公司净利润的。

也就是说，即使公司的净利润高速增长，但是如果二级市场的股价不上涨，散户还是无法享受公司的业绩上涨带来的好处。

然而，股息可以将公司的净利润增长映射到投资者的现金收益上。

这是因为，股息是净利润的一部分，净利润上涨也会带动股息长期上涨。

你无须出售手里的股权，就可以获取不断增长的现金流。

实际上，这也是国家分享国有上市企业收益的方式：像国内的上市银行，大股东多为证金公司、财政部、发改委，它们要保证上市银行的国有控股，手里的股票很少会出售。

在这种情况下，享受收益的方法就是提高公司的分红率，从而每年获得高额股息。

股息是一个既能长期持有股权资产，又能同时享受现金流收益的好方法。

通过长时间持有高股息的股票资产组合，你可以无须关注股价涨跌，通过收获越来越高的现金分红来轻松实现财务自由。

这就是长期投资股票类资产最好的收益方式。我们无须再为波动的股价忐忑不安，每年收取稳定增长的现金分红即可。

## 时间越长，分红对收益的贡献越高

时间越长，分红在我们投资股票的收益中的占比就越大。

美国著名金融学家西格尔教授，在他的著作《股市长线法宝》中分享了相关研究结果。

西格尔对标普 500 指数从 1871 年到 2012 年的数据进行回测，发现股息分红是整个时期内股东收益的最重要来源。

> 从 1871 年开始，股票实际收益率为 6.48%，其中包括股息分红收益率为 4.4%，资本利得收益率为 1.99%。

所以，投资指数基金的时候，股息率也是一个很重要的指标。

## 股息率的神奇之处

股息率有一个非常神奇的地方，就是现金分红通常不受股价涨跌的影响。

### 分红的神奇之处

现金分红通常是上市公司盈利的一部分，所以除非经济出现非常大的变动，上市公司整体的盈利出现了问题，否则大多数时候，现金分红都是慢慢上涨的。

指数的股息率，说的就是上市公司的现金分红/市值。也就是说，分子是随着盈利增长而长期增长的。

我们以长期分红的红利 ETF 为例，每份基金分红如下。

2012 年：0.035 元。

2013 年：0.041 元。

2014 年：0.059 元。

2015 年：0.080 元。

2016 年：0.050 元。

2017 年：0.091 元。

2018 年：0.109 元。

2019 年：0.098 元。

如图 9.2 所示，长期来看分红是增长的。2019 年的分红已经是 2012 年分红的两倍多了。只要继续持有，后面分红还会继续增长。

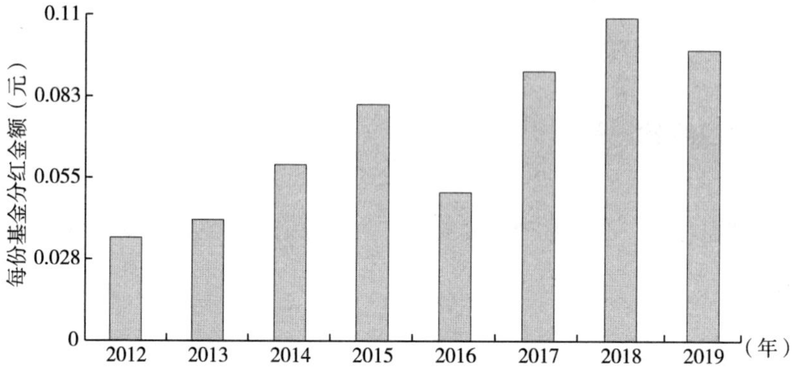


**图 9.2　2012—2019 年红利 ETF 每份基金分红金额**

这就是现金分红的神奇之处。

不过，长期增长不等于每年连续增长。偶尔一两年盈利下降，也会导致分红出现下降的。

## 投资领域

正因为上述这个特点，高股息率的投资品种，也常常被用在一些投资领域。

### 领域 1：保险资金

保险资金很喜欢高股息率的品种，高股息率的股票是保险机构最爱的资产之一。

这是因为保险机构每年都需要支出一些费用，如果在高分红品种处于低估的时候买入，长期持有，那每年的分红就可以支付保费支出了。

比如说中国平安首席投资官陈德贤就多次介绍过平安投资股票的逻辑：寻觅分红比较高、估值相对便宜的股票标的。

### 领域 2：养老投资

我们之前介绍过的养老定投，也是建立在高分红的指数基金的基础上。

假如到老年的时候，我们的家庭每年需要支出 10 万元。如果我们持有一篮子高分红指数基金，这些指数基金的分红每年超过 10 万元，那我们就可以放心了。

因为分红不太受股价涨跌的影响，不管股票市场涨涨跌跌，每年的分红都是比较稳健的。这些分红，可以用来应对生活的支出。

引言介绍过的人物，也是持有大量的指数基金，依靠指数基金每年的分红来支付开销，从而实现 40 岁前退休、环游世界的目标。

这种投资理念，在欧美等成熟市场非常常见。因为欧美市场的分红比例比较高，愿意长期分红的股票数量也比较多。

不过比较遗憾的是，国内距离这一步，目前还有一段路要走。

### 股息率的高低如何判断

那么，股息率多高算高，多低算低呢？其实不同的品种，情况也不一样。

通常来说，如果长期平均股息率比银行储蓄利率要高，那就已经不错了。

国内银行的一年期储蓄利率是 1.5% 左右。不过这是一个基准数字。大部分银行的一年期储蓄利率都比这个高，像部分城商行，一年期储蓄的利率是 2.5%~3% 。

一只指数基金的股息率比银行的一年期储蓄利率要高，就已经算不错了的。持有这只指数基金，每年的分红都比储蓄的收益要高。

对于红利指数基金来说，这个条件不难满足。红利指数基金大部分时候的股息率都在3%以上。当市场整体比较低迷的时候，红利指数的股息率能到4%。

历史上，A股红利指数的股息率超过5%的时候，都是历史大底，在这段时间里投资，收益都非常不错。

市盈率、市净率、股息率，是最常用的三个估值指标。

除此之外，还有一些估值指标也经常被用到，但使用频率会低一些，比如说市销率、市现率等。这些指标，我们在给指数基金估值的时候用得不多，更多的是个股投资的时候使用。所以，在这本书里就不过多介绍了。

至此，我们已经了解了各种不同的估值指标。但是这些估值指标具体该如何应用呢？

## 不同的估值方法

### 5种类型的指数基金

如果从盈利的角度去观察指数基金，我们可以找到5种类型的品种。

- 盈利保持不变。
- 盈利长期稳定增长。
- 盈利快速增长。
- 盈利大起大落。
- 盈利衰退。

盈利大起大落、盈利衰退的品种，投资难度太高，并不适合作为普通投资者的投资主力。

所以我们主要针对的就是前3类品种。

最容易分析的是第 1 类，也就是盈利保持不变的品种。

## 盈利保持不变：看现金流收益率高低

如果一个品种的盈利始终保持不变，实际上这就是一个债券类资产。比如说我们去银行买一只 3 年期年化收益率为 3% 的国债。买入 10 000 元，第一年可以收到 300 元利息，第二年收到 300 元利息，第三年收到 300 元利息及 10 000 元本金。

假如说有一家公司，这个公司没有其他的业务，它的全部业务就是把公司的资产买成这只国债。那这家公司的盈利，也会保持每年不变。

对这类品种的估值，通常看现金流收益率的高低。如果现金流收益率让我们满意，就可以考虑。

但前提是，这类品种的安全性要好，不能中途倒闭或者爆雷，让我们的收益受到损失。

通常来说，这类品种可以参考债券基金的收益，它的收益跟债券基金品种的平均收益接近，不会有太大的差别。如果这类品种的收益远高于债券基金的平均收益，那就要小心，背后可能有风险，例如违约风险，或者未来盈利大幅下滑的风险。

其次，这类品种的现金流收益率，一定要比国债收益率高。因为国债的安全性是最高的，如果是股票类品种，安全性是不如国债的，这类品种必须提供更高的现金流收益率，才值得考虑。

这一点很容易理解。但在投资过程中，到了牛市，经常有一些品种，现金流收益率不到 2% 。

因为，现金流收益率 = 现金流/市值。牛市很多品种市值大涨，导致这些品种的实际收益非常低，但投资者看中短期的赚钱效应，反而去哄抢这些品种。这就是不明智的行为。

盈利保持不变的品种，估值是最简单的，跟买理财产品、买债券差不多。但绝大部分指数基金，并不是这一类型，而是盈利稳定增长、盈利快速增长、盈利大起大落这三类。

## 盈利稳定增长：盈利收益率法

盈利收益率法是很多朋友开始指数基金投资所接触的第一个估值方法，它适合盈利稳定增长的指数基金品种。

### 什么是盈利收益率法

盈利收益率是市盈率的变种。市盈率是用公司市值除以盈利，而盈利收益率则是用公司盈利除以公司市值。换句话说，盈利收益率约等于市盈率的倒数。

盈利收益率法最早是由巴菲特的老师格雷厄姆提出的。

盈利收益率法的使用方法如下。

- 当指数基金的盈利收益率大于 10% 且大于国债收益率两倍以上的时候投资。
- 当盈利收益率小于债券基金预期收益率（目前为 6.4%）的时候卖出。

盈利收益率法，其实是绝对估值法的一种应用。

### 盈利收益率法是一种绝对估值法

绝对估值法，是把一个品种未来的现金流折现到现在，计算出所有现金流的现值，如果股价低于这个现值，说明当前的价格被低估了，如果低估很多，我们就可以考虑投资。

这就涉及一个概念——折现。什么是折现呢？

比如说现在有个朋友来问我们借 10 万元，打算借 3 年。

如果朋友说，现在借我 10 万元，3 年后我还你 10 万元。我们心里会不舒服，心想这 10 万元我就算存银行，假如一年 5% 的收益率，3 年下来也有 1.5 万元的利息，为什么要白白借给你。

如果朋友说，现在借我 10 万元，3 年后我还你 11.5 万元。我们还是会有些不舒服，因为同样的钱存在银行，3 年下来也是 1.5 万元的利息收益。银行的信用比你个人的信用强多了，我借钱给你，还得担心你能不能还上。

如果朋友说，现在借我 10 万元，3 年后我还你 14 万元。我们算了一下，3 年后 14 万元，年化收益率超过 10% 了。这个收益率还不错，可以借。

这就是货币的时间价值的体现。我们借钱的时候，是知道货币有时间价值的。

但是 3 年后的 100 元，相当于今天多少钱呢？这个具体换算关系如何？

这就涉及一个概念——折现率。

折现率就是按照一个百分比，把未来的现金流折算成当前值多少钱。

比如说折现率为 10%，那 1 年后的 100 元，就相当于现在的 $100/(1+10\%)=90.9$ 元。2 年后的 100 元，就相当于现在的 $100/(1+10\%)^2=82.6$ 元。

换一个角度理解，折现率就是我们想要的年复合收益率。

比如说我们想要 10% 的年复合收益率，那就可以用 10% 折现到现在，算一个价格。用这个价格买入持有，就可以获得 10% 的年复合收益率。

从这里我们可以看出，如果我们要求的年复合收益率越高，使用的折现率越高，那折算到现在的价格就越低。那对应资产出现这么低的价格的机会也会越少。

不同人给出的折现率通常是不一样的。那折现率有没有一个通用的参考标准呢？还真是有的。

折现率不仅仅是用来做投资，做项目、做工程的时候，也经常遇到折现率的概念。比如说针对社会平均折现率，国家给出过一个参考数字：8% 。这个 8% 是整个社会的平均折现率。

很多项目、工程在开始建设前，都要评估内部收益率，也就是 IRR 收益率。如果 IRR 收益率低于 8% ，项目可能不予通过。

当然，这个折现率是社会的平均折现率。如果项目或者所要投资的行业，风险更大，那折现率也可以更高。也就是说，国家认为，我们在做工程投资的时候，年复合收益率至少要 8% 以上才值得投、值得做。

对股票投资来说，波动风险更大，所以使用的折现率通常为 10%~12% 。换句话说，我们投资股票资产时的预期年复合收益率，至少是这个数字。

货币有时间价值。我们要用折现率，把未来的钱折算成现在的价格。

## 盈利收益率法：折现率 10% 的绝对估值法

盈利收益率法第一条规则是盈利收益率大于 10% ，这也是使用盈利收益率法买入指数基金的主要规则。

这其实是一个绝对估值法的简单应用。

我们先看一下永续年金的计算公式：

永续年金现金流的现值 = 每年的现金流/折现率

再来看看盈利收益率的计算公式：

盈利收益率 = 盈利/市值

换句话说：

市值 = 盈利/盈利收益率

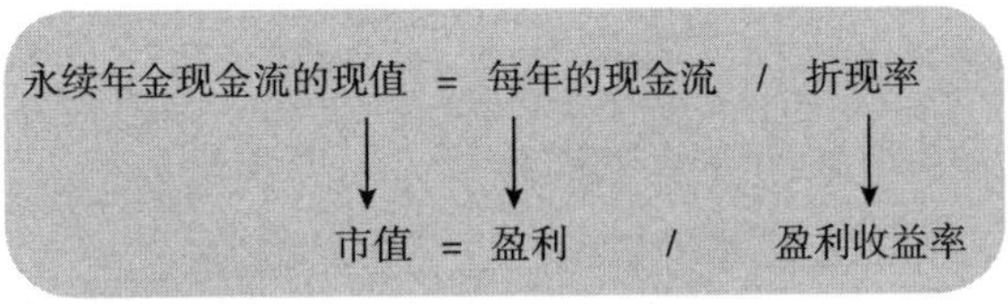


**图 9.3　永续年金现金流公式和盈利收益率公式的对应关系**

其中，盈利就是指数基金的“现金流”；市值也就是指数基金目前的“现值”。所以这样对照一下，盈利收益率就是折现计算公式里面的“折现率”了。

格雷厄姆要求盈利收益率大于 10% 的时候投资，就是要求投资者的折现率要大于 10% 。

这就是盈利收益率法的核心：折现率 10% 的绝对估值法。

## 盈利的增长

这种计算方法，适合的是未来现金流固定不变的品种。但实际上，我们投资的指数基金的盈利会稳定增长。盈利稳定增长的品种，应该使用永续增长年金模型。

假如指数基金背后的公司，一年赚 100 万元。用永续年金模型，我们算出来现值是：100 万元/10% =1 000 万元。用永续增长年金模型，假设长期增长率为 5% ，那算出来现值就是：100 万元/(折现率 − 增长率) =100 万元/(10% − 5% ) =2 000 万元。

只要指数基金背后公司的盈利是长期增长的，而不是不变的，那么用永续增长年金模型计算出来的现值，就比永续年金模型更高。哪怕盈利只是每年增长 1% ，也是应该更高的。

那为何格雷厄姆不用永续增长年金模型呢？

## 安全边际

这里体现的就是格雷厄姆的安全边际理论。

在盈利收益率大于 10% 的时候买入，即使是对于一个“盈利以后再也不上涨”的永续品种来说，也是划算的。

如果买入后，盈利永远不增长，保持不变，那就变成“盈利保持不变”的“债券”了。利息收益率 10% 的债券，其实也是不错的一笔投资。

在这个基础上，指数基金背后公司的盈利是上涨的，那我们就能赚得更多。

格雷厄姆做投资的年代，是 20 世纪发生第一次、第二次世界大战的时候。当时很多上市公司都是朝不保夕，根本谈不上发展。上市公司的整体盈利增长几乎停滞，或者增长缓慢。一直到战争结束后才恢复增长。所以，格雷厄姆在估值的时候，所用的估值方法是非常谨慎的。

世界上大部分国家的股票市场，长期盈利都是上涨的。所以盈利收益率法，过去几十年，在大多数国家股票市场都是很有效的。

这就是盈利收益率法的原理。它本质上是一个折现率为 10% 的绝对估值法。

## 定投策略

了解了盈利收益率法，那具体到定投的时候该如何应用呢？

在当前的国内利率和基金的收益水平下，我们使用盈利收益率来定投指数基金的策略如下。

- 当盈利收益率大于 10% 时，分批投资。
- 盈利收益率小于 10%，但大于 6.4% 时，坚定持有已经买入的基金份额。
- 当盈利收益率小于 6.4% 时，卖出基金。

卖出后可以投资其他低估指数基金或者债券基金资产，等待下次机会出现。

在定投的过程中，有的朋友有疑问："如果我这个月发现盈利收益率大于 10%，定投了，下个月盈利收益率小于 6.4% 了，要卖出，这样操作会不会很频繁呢?"

其实，一般情况下，盈利收益率在短时间内变化不大，不会出现这么极端的情况。所以，我们只需要配合定投，在每月定投的时候，查看一下盈利收益率，再根据盈利收益率当时所处的范围，选择相对应的操作，也就是继续定投、坚定持有或是分批卖出，就可以了。

### 盈利收益率法的局限性

盈利收益率法也有它的局限性。盈利收益率的使用条件比较苛刻，只适合于流通性比较好、盈利比较稳定的品种。如果是盈利增长速度较快或者盈利波动比较大的指数基金，则不适合使用盈利收益率法。

目前国内适合盈利收益率法的品种，主要是上证红利、中证红利、上证 50、基本面 50、上证 50AH 优选、央视 50、恒生、恒生中国企业等指数的指数基金。这几个品种的投资很简单，当盈利收益率大于 10% 时就可以投资，小于 6.4% 时就可以卖出。

我们了解了盈利收益率法非常方便好用。不过，在投资指数基金的时候，并不只有盈利收益率法一种方法，而且由于盈利收益率法自身的局限性，只有有限的一些品种适合使用盈利收益率法进行投资。除了这些适合盈利收益率法的基金品种，另外还有很多可供选择的指数基金，它们又该如何去估值呢？我们来学习另一位大师的估值策略，约翰·博格使用的博格公式法。

## 盈利快速增长：博格公式法

如果一个品种长期盈利增长速度远高于10%，那就不适合用盈利收益率法了。

对于盈利快速增长的品种，我们更多会考虑博格公式法。

约翰·博格是世界上第一只指数基金的发明者，被称为“指数基金之父”。约翰·博格也是一位成功的企业家，是世界第二大基金管理公司——先锋领航集团的创始人，掌管上万亿美元资金的运作。约翰·博格还与巴菲特、格雷厄姆和彼得·林奇（Peter Lynch）被财富杂志评为“20世纪四大投资巨人”。

博格公式分析了影响指数基金收益的几个因素，依靠博格公式，我们可以投资盈利高速增长的品种，或者盈利呈周期性变化的品种。

### 影响指数基金收益的几个因素

指数基金净值 = 市盈率 × 盈利 + 分红

从上述公式可以看出，有三个因素直接影响了我们投资指数基金的收益：第一个是初始投资时刻指数基金的股息率，它影响了我们的分红收益；第二个是投资期内指数基金的市盈率变化；第三个是投资期内指数基金的盈利增长率。最后这两项影响了我们的资本利得收益。分红收益 + 资本利得收益，也就是我们投资的全部收益了。

股息率的获取非常容易。因为初始投资时的股息率，在我们买入指数基金时就确定了。一般来说，指数基金越是低估，也就是当其价格越低于其内在价值时，股息率越高。

主要是市盈率的变化和未来盈利的增长，判断起来相对困难。

## 市盈率

市盈率 = 公司市值/公司盈利

对一个宽基指数来说，市盈率通常是在一个范围内来回波动，不会太高也不会太低。

比如说沪深 300 指数，历史上市盈率最高是 48 倍，最低是 8 倍左右。

熊市最底部的区域，沪深 300 指数的市盈率也处于低位，大约在 8 ~ 11 倍。牛市最顶部的区域，沪深 300 指数的市盈率也会大涨，大约在 17 ~ 48 倍。其他时间里，沪深 300 指数的市盈率，基本在 11 ~ 17 倍来回波动。

那么很明显，如果我们买入时的市盈率处于低位，之后市盈率上升，我们就可以从市盈率的变化上获得正收益。但是如果买入时的市盈率处于高位，之后市盈率下降，我们就会面临巨大的亏损。

例如 2014 年的时候，沪深 300 指数的市盈率在 8 ~ 9 倍。之后 2014—2015 年出现了一波牛市，沪深 300 指数上涨了两倍多，收益非常丰厚。

但是如果在 2007 年牛市，沪深 300 指数市盈率高达 48 倍的时候买入，之后沪深 300 指数基金短期里会出现“腰斩”，投资者亏损 50% 以上。

这就是买入估值跟收益的关系。

## 盈利的长期增长和分红的积累

但是能不能说，我们的收益是由估值变化带来的呢？

短期内，指数基金的涨跌，主要是由估值的变化决定的。但是时间拉长后，指数基金的上涨，是由背后公司的盈利增长和分红积累推动的。

因为估值的变化是有极限的，它只会在一个范围内来回波动，不具备复利增长性。指数基金真正具备复利增长能力的，是盈利的长期增长。

长期来看，对沪深300指数来说，盈利以平均9%~10%/年的速度增长。

分红，我们在前面介绍过，是盈利的一部分，所以盈利的增长和分红的积累，都是依靠背后公司的经营。

经济发展速度越快，上市公司的盈利增长速度也会越快。这是我们长期投资指数基金获得盈利的核心所在。

所以巴菲特说过，买指数就是买国运。得益于国内的经济高速发展，过去几十年，国内很多指数背后公司的盈利增速都是不错的。

而且时间越长，盈利增长带来的收益，占比会越高。

通常来说，在一轮牛熊市里（7年左右时间），估值变化带来的收益占比比较高，但是在两三轮牛熊市里，一定是盈利增长带来的收益高。

所以如果给估值和盈利增长分一下优先级的话，那一定是在盈利增长良好，其次是在估值处于低位的时候买入。

所以我们也就得到了改良后的定投指数基金的方法。

（1）挑选长期盈利增长率良好的品种。

其实这就是我们前面介绍过的宽基指数基金和优秀行业指数基

金。它们基本都是符合这个要求的。

（2）在估值处于低位的阶段买入。

这个低位，要同时满足两个要求：一是在自身历史估值处于低位，二是估值要跟自身盈利增长速度匹配。

在自身历史估值处于低位时买入，未来回归正常估值区域时，我们就获得了估值从低变高的收益。反过来，如果估值处于高位，未来估值从高变低，会降低我们的投资回报。过低或者过高的估值，之后都会回归。

但仅仅看历史是不够的，估值也要跟自身盈利增长速度匹配。比如说美国股票市场的指数，长期盈利增长率大约是 10%，美国股市过去百年的市盈率平均值，大约是 15 倍。这就是一个对应关系。

假如说国内的某个指数，背后公司长期盈利增长率是 15%，这个指数能享受到的长期合理市盈率，也会更高一些。但是如果长期盈利增长速度只有 6%，它的市盈率还有二三十倍，那就不合理，两者并不匹配。

实际上，因为国内股票市场不成熟，过去很长时间内，存在短期炒作一些业绩很差的股票，或者只有题材和概念的股票。这些股票长期盈利增长率是个位数，甚至是负数，但市盈率经常被炒到几十倍甚至上百倍。

对于这类品种，可能 20 倍市盈率就是它们历史最低的估值区域，但仍然跟盈利增长率不匹配。所以，不能仅仅看估值处于历史低位，就盲目地认为这个品种是值得投资的。

这就是我们应用估值的方法。

从全世界范围来看，成熟国家的股票市场，长期盈利增长率在 8%～10%，市盈率平均值在 15 倍左右。这是一个可以参考的估值区间。

如果盈利增长率更高，那可以享受的市盈率平均值也会更高。但是很少有品种能长期保持 30% 以上的盈利增长速度，所以对市盈率数值超过30倍的指数基金，一定要慎之又慎。

## 估值和盈利增长速度的关系：PEG 指标

其实估值和盈利增长速度之间的关系，另一位投资大师彼得·林奇也提到过。彼得·林奇最出名的估值指标就是 PEG 指标。

PEG = 市盈率数值/长期盈利增长速度数值

如果一个品种，市盈率是15倍，长期盈利增长率是15%，那 PEG =1。

通常来说，PEG 的合理区间是1~2，平均值也是1.5。这也跟成熟市场的估值和盈利增长速度相匹配。如果 PEG 小于1，也就是市盈率的数值小于未来长期盈利增长速度的数值，那还是比较好的。

更多时候，PEG 是帮助我们排雷用的，减少风险。

PEG 低的品种，并不一定是有投资价值的，需要具体看这个品种的盈利增长速度能不能长期持续。而 PEG 高的品种，必须要谨慎。因为很少有长期保持高盈利增长速度的品种，所以对任何市盈率数值过高的品种都需要格外小心，宁可不投资。

## 博格公式法

综上所述，博格公式法可总结如下。

- 长期盈利增长速度大幅高于10%的品种，适合使用博格公式法。
- PEG 反映了市盈率波动区间和长期平均盈利增长速度之间的关系，PEG 通常在1~2。如果市盈率长期保持很高的数值，那么对这类品种要谨慎，因为很少有品种能长期保持较高盈利增长速度。

- 在这个基础上，结合指数的历史市盈率，看看当前市盈率所处历史市盈率的位置。如果市盈率同时也处于低位，那这个品种大概率就是处于低估区域的，可以考虑买入。
- 如果市盈率处于高位，或者 PEG 也大于 2，那这个品种大概率就是处于高估区域，这时就要谨慎一些。

## 改进后的定投法：收益更好、风险更低

### 盈利收益率和博格公式的关系

其实，盈利收益率法和博格公式的原理是相通的。

盈利收益率是市盈率的倒数。当盈利收益率大于 10% 的时候，也就是市盈率小于 10 的时候。对绝大多数指数来说，市盈率小于 10，都是处于历史市盈率波动范围的较低区域，意味着未来市盈率大概率是上涨的。

同时适合用盈利收益率法的品种，盈利增长比较稳定，也可以获得盈利增长的收益。这样估值从低变高获得了收益，盈利稳定增长获得了收益，两者叠加，也符合博格公式的原理。

换句话说，盈利收益率法，其实是博格公式的快速判断版本。

区别在于，盈利收益率法不太需要看历史估值数据，只需要对应品种的盈利长期比较稳定就可以使用。博格公式需要分析指数的历史估值区间和盈利增长情况。盈利增长良好的品种，自身估值处于历史较低区域，且估值数值跟盈利增长速度相匹配。

### 螺丝钉指数估值表

看到这里，有的朋友可能还是会对估值有些迷惑。

估值确实是非常难的一件事情，哪怕是投资大师，估值也会出现错误。这短短的一章，也不可能就能把估值这件事情讲明白。只不过看完了这一章，我们能大致明白估值的几种方法。

指数的估值数据查找并不方便，并且使用盈利收益率法和博格公式法估值的过程也比较复杂。所以螺丝钉将各个指数的估值数据进行汇总，在每个交易日的晚上，公布当天收盘后各个指数基金的市盈率、市净率等估值。数据每个交易日更新，保证时效性，所以大家查询到的都是最新的数据信息。这个估值表已经连续更新一千多期，累计上亿人次观看，还是经受住了市场的考验的。并且这个估值表，应用了前面说的格雷厄姆的盈利收益率法（估值表里有盈利收益率的品种），以及博格公式法。

我们以 2018 年年初估值表为例，如图 9.4 所示，做一下讲解。

（1）左上角是估值表对应的日期。每个交易日晚上会进行更新。

（2）估值表用颜色代表低估高估。

用绿色（图 9.4 中第一部分）表示当前低估，这些指数基金是适合定投的。

用黄色（图 9.4 中第二部分）表示当前正常，如果之前有定投这些指数基金，可以暂停定投，继续持有。

用红色（图 9.4 中第三部分）表示当前高估，如果之前有持有这些指数基金，可以开始卖出。

（3）估值表后面有市盈率、市净率、股息率这三个最重要的估值指标。

（4）后面有两列指数代码，分别是场内和场外对应的指数基金。

（5）*，代表不适合参考这个数据或者暂无。

我们在定投的时候，可以参考这个估值表，省去了自己估值的烦琐过程，直接应用到我们的定投中。每次选择绿色低估区域（如图 9.4 中第一部分）的指数基金定投，到了黄色正常估值区域（如图 9.4 中第二部分）持有，到了牛市，指数基金到红色高估区域（如

| 20180125 | 盈利收益率 | 市盈率 | 市净率 | 股息率 | ROE | 场内基金 | 场外基金 |
|---|---|---|---|---|---|---|---|
| 红利机会 | * | 14.94 | 2.01 | 3.09% | 13.45% | 501029 | 501029 |
| 500低波动 | * | 28.77 | 2.12 | * | 7.38% | * | 003318 |
| 300价值 | * | 12.05 | 1.44 | 2.65% | 11.93% | * | 310398 |
| 基本面60 | * | 22.15 | 2.74 | 1.60% | 12.38% | 159916 | 530015 |
| 基本面120 | * | 23.73 | 2.83 | 1.40% | 11.92% | 159910 | 070023 |
| 上证红利 | 9.87% | 10.13 | 1.32 | 3.40% | 13.00% | 510880 | * |
| 证券行业 | * | * | 1.85 | * | * | 512000 | 161720 |
| 50AH优选 | 9.37% | 10.68 | 1.22 | 2.56% | 11.42% | 501050 | 501050 |
| 中证红利 | 8.89% | 11.25 | 1.40 | 3.14% | 12.47% | * | 100032 |
| H股指数 | 9.18% | 10.89 | 1.08 | 2.42% | 9.87% | 510900 | 110031 |
| 基本面50 | 8.02% | 12.47 | 1.49 | 2.55% | 11.91% | 160716 | 160716 |
| 中证养老 | * | 27.78 | 3.60 | * | 12.96% | * | 000968 |
| 上证50 | 7.67% | 13.04 | 1.49 | 2.38% | 11.41% | 510050 | 110003 |
| 医药100 | * | 33.75 | 4.41 | * | 13.06% | * | 000059 |
| 沪深300 | * | 16.57 | 1.90 | 1.98% | 11.46% | 510300 | 160706 |
| 中证500 | * | 30.45 | 2.59 | * | 8.50% | 510500 | 160119 |
| 上证180 | 6.69% | 14.96 | 1.60 | 2.22% | 10.69% | 510180 | 040180 |
| 恒生指数 | 7.43% | 13.46 | 1.37 | 1.40% | 10.21% | 159920 | 000071 |
| 深证100 | * | 26.01 | 3.32 | 1.28% | 12.76% | 159901 | 121099 |
| 可选消费 | * | 24.87 | 2.88 |  | 11.56% | 159936 | 001133 |
| 深证成指 | * | 28.91 | 3.22 | * | 11.14% | 159943 | 163109 |
| 创业板 | * | 41.92 | 4.58 | * | 10.93% | 159915 | 161022 |
| 纳斯达克100 | * | 28.60 | 5.07 | * | 17.74% | 513100 | 160213 |
| 标普500 | * | 26.79 | 3.40 | * | 12.70% | 513500 | 050025 |
| 中证消费 | * | 35.71 | 5.88 | * | 16.46% | 159928 | 000248 |
| 十年期国债 | 3.98% |  |  |  |  |  |  |
| 永续A收益 | 6.00% |  |  |  |  |  |  |

图 9.4　螺丝钉指数估值表

图 9. 4 中第三部分），就可以开始卖出。

## 改进后的两大好处

使用改进后的定投方法，我们能够享受到两大好处。

第一个好处，是能够获得更好的收益。买入价格低于价值的品种，我们可以赚取低估回归的额外收益，相比起普通的指数基金定投，收益要高出不少。

比如说我们回测一下，在恒生指数上，使用低估投资的方法。

历史上，恒生指数每次进入低估的时候开始买入，进入高估之后卖出。

第一次，1974—1975 年，从 170 点涨到 400 点，年复合收益率达到 200% 以上。

第二次，1982—1986 年，从 1 200 点涨到 2 300 点，年复合收益率是 17. 6% 。

第三次，1989—1993 年，从 3 000 点涨到 9 000 点，年复合收益率达到 31% 。

第四次，1998—1999 年，从 9 000 点涨到 14 000 点，年复合收益率达到 50% 。

第五次，2008—2009 年，从 15 000 点涨到 20 955 点，年复合收益率是 39% 。

在这几次定投期间，投资者都能获取平均 15% 以上的年复合收益率。

不过也有朋友会有疑问：恒生指数并不是每个时间段都有投资的机会，如果之间没有低估机会，岂不是只能白白等待？

其实不要紧的，对港股指数基金来说，通过对历史的分析，基本上每隔 4 ~ 5 年就会出现一次机会。这还只是港股，如果加上 A 股、美股、其他股票市场，平均每 2 ~ 3 年就有一次低估机会。

以最近 10 年为例，2008—2010 年的美股、2012—2014 年的 A 股、2016 年年初的港股、2018 年下半年的 A 股，都出现了很不错的投资机会。

再加上国内外众多的指数基金，不同指数基金的成长性是不同的，有的处在低估区域，有的处在正常区域，有的处在高估区域，所以我们不用担心买不到。所有指数基金都不低估，这种情况是很罕见的。

第二个好处，是投资风险更低。这是由于价格低于价值的品种，自身下跌空间就比较有限，投资的风险就更低一些。再加上定投这种持续、多次的投资方式，又可以进一步分摊风险，降低波动。定投低估值的品种，将指数基金的风险又大幅降低了。

估值并不是一件容易的事情，不过好在我们有很多投资大师的估值方法可以借鉴。

我们主要应用市盈率、市净率、股息率，以及背后公司的盈利增长速度这几个指标，结合格雷厄姆的盈利收益率法、约翰·博格的博格公式法、彼得·林奇的 PEG 指标，可以帮助我们解决大部分指数基金品种的估值问题。

这套估值方法，螺丝钉应用多年，也经受住了牛熊市的考验，有几十万投资者也在使用这套方法，还是很稳定可靠的。不过就算如此，我们应用估值方法，计算出来还是会有误差。我们要保留一定的安全边际，为自己留出容错的空间。

再配合定投的方式，把不必要的风险降到最低。定投的方法跟估值的方法相配合，可以得到“1 + 1 > 2”的效果。

掌握长期收益更好的优秀指数基金品种，然后耐心等待熊市低估的阶段定投它们，这是最适合普通投资者的投资技巧。

## 投资者笔记

- 投资者投资指数基金最大的一个误区，就是认为一只指数基金好就自始至终去投资它，不管贵贱。

- 在价格低于价值时买入，才能买得划算。没有人愿意用 1 元买价值 0.8 元的东西。
- 常见的估值方法可以分为：相对估值法和绝对估值法。
- 常见的估值指标有：市盈率、市净率、股息率。
- 不同的指数基金需要使用不同的估值方法进行投资。比如盈利始终保持不变的品种可以使用现金流收益率进行判断；盈利稳定增长的品种可以使用盈利收益率法进行判断；盈利快速增长的品种可以使用博格公式法进行判断。
- 快速又方便查询指数估值数据的方式：通过螺丝钉的公众号获取每日估值数据推送。

# 第10章

# 四种定投方法，哪种更适合你

**定期定额的定投，在A股并不适用**

**定期不定额，收益才更好**

**慧定投：基于均线的定期不定额**

**价值平均策略：基于市值的定期不定额**

**估值定投策略：基于估值的定期不定额**

在前面的章节中，我们了解了提高定投收益有如下技巧。

- 选择长期收益优秀的策略加权指数基金和优秀行业指数基金。
- 在熊市指数基金处于低估的阶段定投。

不过具体在定投的时候，还有一个问题：买多少？

通常我们接触的定投，都是定期定额定投的，那定投究竟是不是必须要定期定额呢？

## 定期定额的定投，在A股并不适用

首先说说定期定额的定投方法。

定期定额就是选择一个固定日期，然后投入相同的金额。比如说，在每个月的第一天定投2 000元的指数基金。

这就是定期定额的定投方法。也就是说，你每次定投基金的时间和金额是固定不变的。

不过针对A股，不建议大家采用定期定额的定投方法。

## 中国的人均收入增长较快

国内公募基金诞生的时间并不长，真正普及也就是最近十几年的事情。

早期国内有关基金的研究也不多，很多基金方面的资料是来自海外市场，特别是来自美国、日本等基金市场。在这些相关书中，介绍定投的操作，通常说的都是定期定额的。

不过在A股，我们就不能用定期定额的方法了。

不同国家的人均收入增速有非常大的差别。中国是一个高速发展中的国家，国内人均可支配收入增速在过去20年，保持了两位数的年复合增长率。这是一个很伟大的奇迹。20世纪90年代的时候，月收入几百元是平均水平，而到了现在，大部分人的月收入是几千元。提升速度非常快。而像日本等成熟市场，人们的月收入已经很长时间没有上涨了。从1998年到2015年，日本人的月收入不仅没有上涨，反而是略微下降的。在日本，同一家公司、同一个岗位的薪水，有可能不如20年前。

假如一个日本上班族做定投的操作，他即便是采用定期定额的定投，都是比较吃力的，因为他的收入可能在慢慢降低。

但是对中国的上班族来说，定期定额定投，是不可行的。比如说20世纪90年代，月收入是1 000元，我们拿出200元定投，这就是比较高的了。但是在2019年，大部分人的月收入是数千元。只拿出200元定投，就完全不够。

从这个案例，我们可以看出，定期定额的定投并不一定是适合所有国家的投资者的。不同的国家情况不同，不能直接照搬。

所以在国内，定期定额的定投，只能是一个短期的设置。时间稍长一些，就需要提高定投的金额，因为人均收入增长较快。每隔几年，就需要根据家庭收入的增长速度，重新按比例决定定投的金额。

### 相同金额的购买力随时间在下降

我们来看这样一个案例，如果我们从2015年开始，每个月拿出

1 000元定投，持续 10 年，会发生什么呢？

10 年后，我们会持有几十万元市值的指数基金，但是仍然是每个月买入 1 000 元。实际上因为通货膨胀、指数上涨等原因，10 年后的1 000元能买到的指数基金份额，只是现在的一小部分。换句话说，如果我们定投的金额不变，实际上买入的基金份额在逐渐减少。

这就是定额定投的最大缺点：相同金额的购买力随时间在下降。

既然定期定额有缺陷，那有没有其他的方式来决定定投的金额，从而获得更好的收益呢？

这就是接下来螺丝钉要跟大家介绍的定投方法：定期不定额。

## 定期不定额，收益才更好

### 定期不定额的定投方法

除了收入的原因之外，指数基金自己的涨跌，也会导致投资价值的变化。

我们前面介绍过，指数基金可以长期上涨。

特别是我们投资的优秀宽基指数基金和优秀行业指数基金，长期涨幅都是不错的。我们在低估区域定投这些指数基金，如果短期内指数基金下跌了，它的投资价值实际上是提高的。

在短期的时间里，指数基金处于不同估值，其投资价值也会有很大的差别。我们一直在说，要在指数基金低估的时候才去投资。可能指数基金短短一年时间里就会有上下 30% 的波动，可能会出现高估值，也可能会出现低估值，我们自然要在指数基金处于低估值的时候定投更多的资金，这样才能获得更好的收益。

这就是定期不定额定投的来源，我把这个提升收益的技巧叫作“定投收益放大器”。

## 在“微笑曲线”的左侧买入，越跌越买

如图 10.1 所示，在“微笑曲线”的左侧，是下跌，到了右侧是上涨。

通常我们定投是从进入低估开始的，也就是从左侧开始定投。在“微笑曲线”的左侧越跌越买，到了右侧不需要涨到原来位置就能开始赢利，如果能涨到原来位置，那收益会更好。

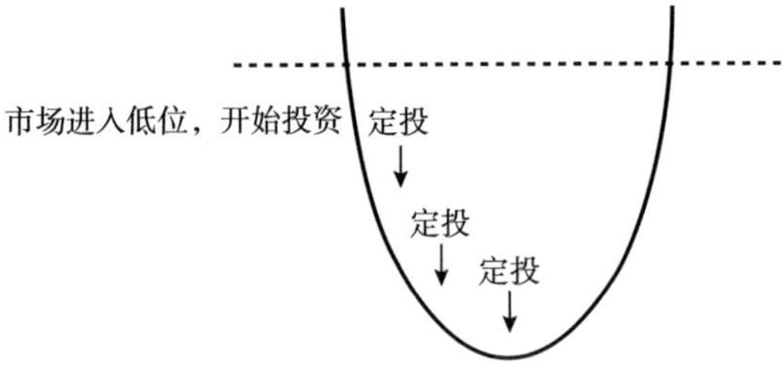


**图 10.1　在“微笑曲线”左侧定期定额定投**

在这个基础上，因为指数基金上涨是长期的，下跌是短期的。如果我们在下跌的过程中，适当提高定投的金额，如图 10.2 所示，那“微笑曲线”的作用还会更强，从而进一步提高收益，也就是“越跌越买”的思路。

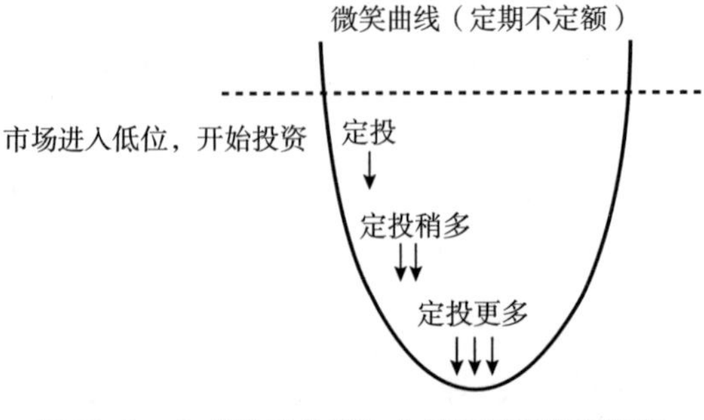


**图 10.2　在“微笑曲线”左侧定期不定额定投**

定期不定额定投有很多种，不过核心的思路都是：越下跌，定投的时候买入越多。

这里介绍三种采用“越跌越买”思路的定投方法。

第一种是慧定投，基于均线的定期不定额定投方法。

第二种是价值平均策略，基于市值的定期不定额定投方法。

第三种是估值定投策略，基于估值的定期不定额的定投方法。

## 慧定投：基于均线的定期不定额

### 什么是慧定投

第一种方法叫作慧定投。

如果有用支付宝来投资指数基金的朋友，可能会看到，在定投的时候，会有一个慧定投的选项。

这个慧定投是什么呢？

慧定投就是定期不定额的一种投资方式，它参考的是均线。

均线是股票投资经常用到的一个参考数据。所谓的均线，就是用过去一段时间的平均价格绘制出的曲线。

比如说支付宝的慧定投，可以选择用 500 日均线。这里的 500 日均线，就是最近 500 个交易日的平均价格。

如果当前的价格高于过去 500 个交易日的平均价格，那定投的时候就会少投一些。并且高的幅度越大，定投的金额也会减少得更多。

如果当前的价格低于过去 500 个交易日的平均价格，那定投的时候就会多投一些。并且低的幅度越大，定投的金额也会增加得更多。

参考的均线期限越长，均线本身的变化会更缓和一些。理论上参考长期均线做慧定投，会更可靠一些。

慧定投的规则也不是一成不变的，不过大致的原理就是这样。大家可以在支付宝查看最新的说明。

因为在大涨后减少了定投金额，在下跌后增加了定投金额，慧定投本身是有效果的。

## 慧定投的两个不足之处

慧定投的第一个缺陷，是适合的品种有限。

我们前面介绍过，A 股有数百只指数基金，很多指数基金追踪的指数是有差别的。它们并不是同涨同跌，长期下来收益也会有区别。

按照慧定投的原理，在定投每一只指数基金的时候，应该参考其对应指数的均线。

比如说投资沪深 300 指数基金时，参考沪深 300 指数的均线；投资基本面 50 指数基金时，参考基本面 50 指数的均线。

不过截至 2019 年 5 月，支付宝的慧定投，只能参考沪深 300、中证 500、创业板这三个主要宽基指数的历史数据。

比如说我们要投资基本面 50 或者中证消费行业指数基金，它们的走势跟沪深 300 指数并不是完全匹配的，所以慧定投就会有缺陷。

目前支付宝的慧定投，最适合的就是沪深 300、中证 500，以及创业板这三个指数对应的指数基金。

这个缺陷并不难解决，后续如果支付宝了解更多的细分指数基金品种，增加对应指数的历史数据和均线选择即可。

慧定投的第二个缺陷，是无法解决投什么基金收益更好的问题。

按照支付宝的设定，任何一只指数基金都可以用慧定投来投资。不过我们前面也介绍过，不同的指数基金，长期收益有很大差别。长期收益更好的宽基指数基金和优秀行业指数基金，定投下来收益更高。

所以还是需要先选好品种，再做慧定投。慧定投本身无法帮助投资者识别该投资什么的问题。

不过总体来说，慧定投与定期定额的定投相比，还是可以提高收益的。

如果在支付宝定投沪深 300、中证 500、创业板的指数基金，不妨考虑用慧定投的方式。

## 价值平均策略：基于市值的定期不定额

### 什么叫价值平均策略

第二种方法是价值平均策略。

价值平均策略是 20 世纪 90 年代在美国兴起的一种定投方法。有的时候它也被称为市值恒定策略。

简单来说，价值平均策略，就是给手里的指数基金设定一个市值增长速度。

比如说，设定的目标是：保证让手里的指数基金市值，每个月增长 1 000 元。

第一个月，我们买入 1 000 元的指数基金。

第二个月，我们打开账户，发现市场出现了下跌，我们第一个月买入的指数基金，现在只有 950 元了。按照计划，我们第二个月，需要持有 2 000 元的指数基金。所以第二个月，我们就不能定投 1 000 元，而是需要定投1 050元。这样第二个月投完，我们就持有 2 000 元市值的指数基金。

第三个月，我们的目标是 3 000 元。但是打开账户，发现指数基金上涨了，我们持有 2 100 元的指数基金。这样第三个月就只需要定投 900 元。

这就是价值平均策略，也被称为市值恒定策略。

这个金额增长速度，可以设定为每个月增加多少元，也可以设定为每个月增加百分之多少。

这种定投方法，非常适合为某个目标积累财富。比如说10年后我们要200万元来买房，那就可以设定一个价值平均策略的定投方案，让我们持有的市值一步步按照计划来，到第10年，正好达到200万元的市值。

## 价值平均策略的缺点

不过这种策略也有一个缺点：如果遇到股市大跌，需要短期内拿出比较多的资金来补仓。

比如说按照计划，我们已经持有了50万元的指数基金，下个月的目标是51万元。但是遇到了股市短期大跌，指数基金短期下跌了30%。这种情况并不罕见，每隔几年A股就很有可能遇到一次。那持有的指数基金市值，就变成了35万元。那下个月如果还想达成51万元的目标，就需要一次性拿出16万元。

这可不是一笔小数字。对于波动高的A股来说，这个问题迟早会遇到。

价值平均策略，相比前面介绍的慧定投，对资金量的考验会更大一些。

不过也有解决方法。有的投资者，会对价值平均策略每个月投入金额做一个上限，比如说遇到需要一次性买入很多的时候，最多一个月只投入1万元。有了这个上限，压力就小很多了。

同样地，价值平均策略与定期定额的定投相比，也可以获得更好的长期收益。

从1926年到2006年，如果用定期定额的定投方法，年化收益率大约是10.85%。而如果用价值平均策略来定投，年化收益率大约是12.39%。平均每年有1.54%的超额收益。

同样地，使用价值平均策略，也需要选择长期收益更好的指数基金品种，才能有更好的定投效果。

## 估值定投策略：基于估值的定期不定额

### 基于估值的定期不定额

慧定投和价值平均策略，本身都是有效的。不过这两种定投方式，本身没有考虑指数基金自身的投资价值。

我们前面介绍过，最好在指数基金处于低估的阶段去投资，这样可以获得更好的长期收益。

国内有 70% 的投资者，是在牛市股市大涨之后才开始接触指数基金的。如果在牛市估值很高的时候开始定投指数基金，即便是采用慧定投或者价值平均策略，仍然可能在短期内遇到非常大的亏损。

比如说 2007 年牛市和 2015 年牛市，之后 A 股都出现了超过 50% 的跌幅。

虽然坚持定投几年，投资者还是可以扭亏为盈。但是有几个人能在 50% 的浮亏下还能坚持定投呢?

所以我们可以把定投跟指数基金的估值结合起来。

- 在熊市指数基金处于低估的阶段开始投资。低估区域，指数基金下跌风险会更小，长期收益也会更理想。
- 配合估值，对同一只指数基金来说，通常估值越低，投资价值越高，也越值得定投买入更多的金额。

这就是基于估值的定期不定额的定投方法，也是螺丝钉一直在长期实践的定投方法。

### 定投放大器，能够放大我们的投资收益

举个例子，一只指数基金，适合用盈利收益率来估值。通常对同一个品种，自身盈利收益率上升了，定投价值会越高，定投的时候也就越值得投入更多的资金。则每月定投金额的计算公式为：

$$每月定投金额 = 首次低估时的定投资金 \times \left(\frac{当月的盈利收益率}{首次的盈利收益率}\right)^n$$

在上述公式里有一个 $n$，它就是定投收益的放大器，对进一步提升我们定投的收益起着很重要的作用。所谓放大，很好理解，即 $n$ 越大，收益会相对越高。只要普通定期定额的定投是盈利的，那么 $n$ 就能放大我们的收益。

我们以 H 股指数基金为例来计算一下，这个 $n$ 是如何发挥作用的。

首先，当 $n=0$ 时，0 次方都等于 1，所以，这时每个月投入的资金都是 1 000 元，固定不变，可以将之看作定期定额定投的收益。假如从 2016 年的 1 月开始，每个月都持续定投 1 000 元到 H 股 ETF 这只指数基金上（这里 1 000 元是模拟计算的，实际上投资这种场内 ETF 基金时是按股份数来交易的，并且只能以 100 股的整数倍来交易）。到 2016 年 11 月，一共投入的本金是 11 000 元，持有市值是 12 123 元，可以获得大约 10.21% 的投资收益率。

再来看看，假如我们采用定期不定额的方式，在低估的时候买入更多，会发生什么呢？不同的 $n$ 的取值对我们的投资收益又有什么影响呢？

当 $n=1$ 时，当月的定投金额可以计算如下。

按照计算出的金额来定投，到 2016 年 11 月 7 日，我们共投入的本金是 15 865 元，持有的基金份额是 17 043 份，此时 H 股 ETF 的基金净值是 1.048 元，所以这 17 043 份基金市值是 17 861 元，可以获

得约 12.58% 的收益率。定期不定额定投比定期定额定投的收益率高了约 2% 。

当 $n=2$ 时，当月的定投金额可以计算如下。

按照计算出的金额来定投，到 2016 年的 11 月 7 日，我们共投入的本金是 23 038 元，持有基金的份额是24 910份，对应大约 26 105 元的市值，可以获得约 13.31% 的收益率，定期不定额定投比定期定额定投的投资收益率，提升了约 3% 。具体如表 10.1 所示。

**表 10.1　2016 年 1 月 4 日至 2016 年 11 月 1 日，买入份额不同时的投资情况**

| 定投日期 | 单位净值（元） | 盈利收益率（%） | 定期定额定投（元） | 投入金额 n=1（元） | 买入份额 n=1（份） | 投入金额 n=2（元） | 买入份额 n=2（份） |
|---|---|---|---|---|---|---|---|
| 20161101 | 1.058 9 | 12.97 | 1 000 | 1 297 | 1 225 | 1 682 | 1 589 |
| 20161011 | 1.059 6 | 12.84 | 1 000 | 1 284 | 1 212 | 1 649 | 1 556 |
| 20160901 | 1.033 5 | 13.21 | 1 000 | 1 321 | 1 278 | 1 745 | 1 688 |
| 20160801 | 0.977 2 | 13.89 | 1 000 | 1 389 | 1 421 | 1 929 | 1 974 |
| 20160704 | 0.944 6 | 14.41 | 1 000 | 1 441 | 1 526 | 2 076 | 2 198 |
| 20160601 | 0.900 4 | 14.47 | 1 000 | 1 447 | 1 607 | 2 094 | 2 325 |
| 20160503 | 0.886 2 | 14.49 | 1 000 | 1 449 | 1 635 | 2 100 | 2 369 |
| 20160401 | 0.897 2 | 14.62 | 1 000 | 1 462 | 1 630 | 2 137 | 2 382 |
| 20160301 | 0.828 6 | 16.31 | 1 000 | 1 631 | 1 968 | 2 660 | 3 210 |
| 20160201 | 0.837 7 | 16.78 | 1 000 | 1 678 | 2 003 | 2 816 | 3 361 |
| 20160104 | 0.952 8 | 14.66 | 1 000 | 1 466 | 1 539 | 2 149 | 2 256 |
| | | | 共投入 1 1000 元 | 共投入 15 865 元 | 共持有 17 043 份 | 共投入 23 038 元 | 共持有 24 910 份 |

从表 10.1 可以清晰地看到，$n$ 越大，我们会在盈利收益率越高的时候投入更多的资金，买入更多的份额，也就做到了在低估买入更多。

通过这个例子我们发现，用这种定期不定额的投资方式，会帮助我们在低估的时候买入更多的基金份额，进一步提升投资的收益率。

不过我们也能看到，采用这种方法，对每个月投入的资金量是有一定要求的。定投放大器 $n$，能够放大我们的投资收益，但是对资金的需求量会随着 $n$ 的增大越来越多，而且这种增多是呈几何倍数增长的。$n$ 的数值越大，当指数基金低估时，要求投入的资金量就越多，因此投资者要量力而行，设置适合自己的放大器，根据自己能够承受的资金额度来设定 $n$ 的取值。从我的经验来看，设置 $n=1$，效果就已经不错了。有条件的、资金比较多的朋友，可以设置$n=2$。

这就是定期不定额的定投方法，它可以帮助我们在普通定投的基础上获得更好的收益。

## 定期不定额，对资金量有要求

定期不定额，对我们的资金量提出了要求。因为不是定额投入的，如果市场下跌了，短期需要投入的金额也会增多。

一般来说，我们每个月收入减去各项开支，剩余部分的一半以下，拿来定投会比较合适。例如每个月收入 8 000 元，各项开支 4 000 元，剩余 4 000 元，那么可以拿出 2 000 元定投。

如果短期需要投入的资金增多了，那也是有余力增加的，可以适当提高金额。如果一开始就把 4 000 元全部用来定投，后面遇到额外的开销，或者遇到市场下跌需要加投，都会比较被动。投资要以不影响日常生活为前提。

按照螺丝钉的经验，假如说初始定投金额是 1 000 元，$n$ 设置为 2，当遇到 A 股极端下跌，指数基金到了历史最低估值的阶段，定投金额可能就会变成 2 400 元~2 600 元。大多数时间里，定投金额会在 1 000 元~1 500 元。这是一个大致的参考区间。

## 基于估值的定投也有缺点

同样地，基于估值的定投也有缺点。

第一个缺点，这种方法是为指数基金量身打造的，只适合指数基金，不适合主动基金。

这是指数基金公开透明的特点导致的。一只指数基金持有什么股票、每只股票持有多少比例，都是事先确定好的。所以指数基金可以根据持有股票的财务情况，计算出对应的市盈率、市净率等估值。

但是主动基金的基金经理，投资什么股票不会即时披露，所以主动基金是没有估值指标的。

所以基于估值的定期不定额，是为指数基金量身打造的投资方式。

第二个缺点，估值在有的阶段会不太稳定。

长期来看，上市公司会赚越来越多的钱，但是短期内并不一定。比如说 2008 年金融危机时，美股标普 500 指数中很多公司的盈利大幅下滑。当时标普 500 指数在几个月内从 1 500 多点下跌到 600 多点，下跌幅度超过 50% 。

按理说，市盈率也应该降低，但是标普 500 指数因为背后公司盈利下滑，导致市盈率反而被动提升到了八九十倍（市盈率 = 市值/盈利）。

这就是短期原因导致的市盈率失效。这种情况，在港股、A 股也都有出现过。

绝大多数时间里，估值指标都是有效的，但偶尔也会失效。遇到这种问题该怎么解决呢？有如下两种思路。

- 沿用盈利大幅下滑之前的盈利数据，或者多年平均盈利数据。因为当危机过去，上市公司的盈利还是会恢复增长，回到盈利下跌之前的水平。所以不用太担心。

- 用其他的估值指标。通常净资产的稳定性比盈利要强。因为盈利是某个时间段企业的盈利，而净资产则是企业多年积累下来的净资产，某一两年的盈利变化，对净资产的影响要小很多。所以也可以参考市净率来过渡一下。

用以上两种方法，可以更好地使用估值来进行定期不定额的定投。

上面介绍的是定期不定额定投的原理。在实际定投的过程中，并不需要自己每次计算这么麻烦。很多网站和基金销售平台，已经把定期不定额做成了相应的功能，添加到了定投中。

在本书第 12 章，螺丝钉也会介绍一个把“精选优秀品种 + 低估定投 + 定期不定额”结合起来的实际定投案例，供大家参考。

## 投资者笔记

- 定期定额定投的最大缺点在于相同金额的购买力随时间在下降，所以在定投时，采用定期不定额的方式，收益才更好。
- 常见的定期不定额策略有：慧定投、价值平均策略、估值定投策略。
- 估值定投策略是适用于指数基金的专属策略，会帮助我们在低估的时候买入更多的基金份额，进一步提升投资的收益率。

# 第11章

## 基金定投，什么时候卖出

**止盈的三种思路**

**按照收益率来止盈，赚多少才能卖**

**按照估值来止盈**

**不止盈，长期持有**

**不同止盈方法，适合不同的品种和需求**

## 止盈的三种思路

我们前面介绍了很多优秀的指数基金，也介绍了定投指数基金和增强定投收益的做法。但是还有一个很重要的环节，那就是指数基金的卖出。

俗话说，会买的是徒弟，会卖的是师傅。那关于定投指数基金，该如何卖出呢?

这里的卖出，也被称为“止盈”。关于止盈的操作，有很多不同的思路和方法，最常用的思路有三种。

第一种思路，是投资者从自身收益角度考虑来止盈。

第二种思路，是投资者从投资品种的价值角度考虑来止盈。

第三种思路，是不止盈，低估时买入指数基金，长期持有，依靠基金的分红获取现金流。

最常见的止盈卖出方法，就是以上三种。其实三种方法都有道理，但适用范围是有区别的。

## 按照收益率来止盈，赚多少才能卖

### 从收益率角度来考虑止盈

从收益率角度来考虑止盈，是最常见的基金止盈策略。

这种思路很简单，就是坚持定投指数基金，当看到自己持有的某只基金的收益率达到了设定的收益率，就可以开始卖出止盈。

比如说我们定投沪深300指数基金，当我们看到这只基金的账面收益率达到了我们设定的收益率，如20%，就可以赎回持有的这只沪深300指数基金，完成投资。

很明显，这种止盈方法，对止盈收益率的设定是非常重要的。

（1）不能太频繁止盈。

因为指数基金包括股票基金，短期买入卖出，赎回费还是比较高的。

我们前面介绍过，指数基金如果持有不到7天就赎回，会有一个惩罚性的赎回费率1.5%，大大影响投资者的收益。持有超过7天后，大部分指数基金赎回费率是0.5%。大部分基金继续持有超过2~3年，赎回费免除。

假如说我们设定赚5%就止盈，同时赎回费率为0.5%，赎回后再投资其他品种，合计交易成本高达收益的10%。我们赚到的钱的10%，都作为费用交给基金平台和基金公司了。反复几次，那收益会大打折扣，很不划算。

（2）止盈的收益率设置得不能太低。

这个止盈的收益率，也不适合设置得太低，否则牛市时赚不了多少钱就止盈，比较浪费。比如说大牛市，可能一轮牛市上涨会超过200%，如果我们赚了8%就止盈，那对牛市就比较浪费。

设定止盈收益率时，有一个比较常用的数字：30%。

## 赚了30%就卖出，为何要这样设定

这个数字是怎么来的呢？

还真不是拍脑袋想出来的。这个止盈的收益率，在A股的一类品种应用很长的时间了，那就是可转债。

什么是可转债呢？

可转债本质上是一类债券品种。债券有约定期限（比如说 5 年期）、约定利率（比如说每年支付利息多少元），持有这只债券，平时会获得利息，到期了能拿回本金。

可转债也是这样一种债券，不过它增加了一个功能：在到期之前，可以以某一个价格，转换成对应的上市公司股票。这个功能是可转债相对一般债券最大的一个不同点。

这个转股价通常是固定的。试想一下，如果可转债对应的股票价格大涨了，可转债仍然能以较低的价格转换成股票，那这个可转债是很值钱的。于是这个可转债的价格也会随着正股的价格而上涨。

如果对应股票的价格暴跌了呢？可转债也会随着下跌，但是这个下跌是有极限的。因为可转债毕竟是一种债券，它到期了是可以兑付本金的，所以可转债下跌是有保底的。

可转债还有一个很省心的地方：自带止盈策略。

大多数可转债，会有一个强制赎回条款：如果股价在一段时间里，高于设定好的一个值（通常为转股价的 130%），那么上市公司有权按照一个约定价格赎回全部可转债。

可转债发行上市的时候，通常是 100 元的面值。换句话说，以 100 元的面值买入的可转债，如果涨了 30%，差不多就要准备卖出止盈了，否则会被公司强制赎回。

实际上牛市疯狂的时候，甚至可转债会在强制赎回执行之前，短期涨到超过 130 元。

也正是因为这一点，每次牛市的时候，市场上的可转债基本上剩不下几只了。这也是它的一个缺点：并不是一个长期持续的资产种类，只是阶段性地出现投资机会。

换句话说，可转债自带一个“30% 收益率止盈”的策略。

实际上，如果投资可转债，收益率通常比 30% 的收益率高。因为可转债上市后，单价很多时候会到 90 多元，甚至 80 多元。从 90

元上涨到130元，收益率上涨是接近45%的。而且很多可转债会涨到130元以上。

不过总体来看，如果在可转债上市的时候投资它，按照默认的规则，最后对应30%的收益率止盈。

发行可转债的公司，是希望可转债转换成股票的。因为债券要还本金，但是转换成股票之后，公司就不用拿出这笔现金了。

所以公司在发行可转债的时候，是有动力做好研究、精心设计好规则，让可转债尽量能到期转股。

绝大部分可转债，设计的年限是5年。

最后大部分可转债，都成功转股了，没转股的是少数。而且通常不到5年，2~3年就实现了。

所以可转债"30%收益率止盈"的策略，是一个很有效的止盈策略。平均2~3年就可以止盈一次。

可转债虽然是一种债券，但是它的投资收益和风险特征，跟指数基金中很多品种比较相似。可转债涨跌区间跟指数基金高度重合。所以如果套用到宽基指数基金上，"30%收益率止盈"的策略在原理上是可行的，2~3年就可以大概率遇到一次"30%收益率止盈"的机会。

### 收益率止盈的缺点

不过这种止盈策略，也有如下缺点。

（1）不同投资者开始投资的阶段不同，有的投资者是熊市很低估的时候开始投资，有的投资者可能涨了一截才开始投资。这就会出现"有人辞官归故里，有人星夜赶考场"的情况。有的人止盈了，有的人才开始投资。所以这种止盈，只能是大家根据自己的收益情况，判断是不是需要这样止盈。

（2）大牛市疯狂阶段的涨幅会更高，投资者会缺失一些收益。

(3) 比较适合波动大的品种。因为只需要赚 30% 就止盈，对短期波动大的品种使用这类策略更适合，例如中证 500 指数基金等。这类品种波动大，更容易触发止盈。

这种止盈策略，比较适合可能在未来 2～3 年内要用到这笔资金的朋友。

按照“定投低估指数基金，30% 收益率止盈”，在 2～3 年内实现止盈获利是大概率的。

## 按照估值来止盈

第二种止盈的思路，是按照估值来止盈。

指数基金有自己的投资价值。如果价格大幅低于价值，也就是我们所说的低估。如果价格大幅高于价值，也就是我们所说的高估。我们在低估区域定投指数基金，就是买入价格低于其应有价值的指数基金。那反过来，如果要我们卖出，也是因为价格大幅高于价值。这也是我们目前经常用到的一种止盈方法。

这种方法的投资周期，要比按照“30% 收益率止盈”策略更长。因为一般在大牛市的中后期，才会到高估区域，例如 2007 年、2015 年大牛市，其他时间估值是达不到很高的位置的。大牛市通常 7～10 年一轮，所以使用这种投资方式时，中间需要有耐心持有。

这种止盈方式的优缺点也很明显。

### 估值止盈的优点

第一个优点，是在牛市收益高。

通常从低估到正常估值，从正常估值到高估，每一个区域都有 30%～40% 的涨幅。

到了高估区域，如果遇到像2006—2007年那种大牛市，涨幅很惊人。所以这种止盈方法，能在牛市获得很高的收益。

第二个优点，是投资者可以比较长地享受到投资品种本身盈利上涨带来的收益。

有的朋友会担心，牛市那么长时间才来一次，如果牛市没来，岂不是很长时间里不赚钱？其实不用担心的。

拆分一下指数基金的净值：

指数基金净值＝市盈率×盈利＋分红

对于有的指数基金来说，自身盈利增长是非常不错的。每年盈利增长都有10%～20%。例如我们前面介绍过的策略加权指数基金，如红利、基本面、价值、低波动等，以及长期优秀的行业指数基金，如消费、医药、中概互联等。这些品种的长期盈利增长不错。假如说在7年时间里牛市没有来，估值始终在正常估值，这些指数基金的净值也是涨幅不错的。

例如，2012年，A股的中证红利指数、医药100指数的市盈率，跟2019年年初的估值是差不多的。但是这段时间里，中证红利指数基金的净值和医药100指数基金的净值，均上涨超过120%。

市盈率不变，净值上涨120%，主要就是盈利增长和分红积累带来的。

实际上，对很多盈利增长不错的品种来说，不适合使用“30%收益率止盈”的策略。

这些盈利增长不错的品种，即使估值保持一个位置不变，依靠盈利增长，净值每年都平均上涨15%～20%。

例如，很多股民熟悉的大牛股都是这种类型：长期盈利增长不错，可能10年时间里会上涨几倍甚至十几倍。

仅仅赚30%就止盈太可惜了，这也就是指数背后公司一两年的盈利增长。

试想一下，在涨了几百倍的茅台和腾讯上，只赚了 30% 就止盈卖出，真是暴殄天物。

## 估值止盈的缺点

第一个缺点，是投资者需要非常有耐心。

按照 30% 收益率止盈，通常 2 ~ 3 年就能遇到一次。但是按照高估来止盈，必须要有大牛市，那就得 7 年甚至 10 年才能等到。在牛市来之前，投资者需要耐心持有，享受背后公司的盈利上涨，面对中间涨涨跌跌的波段需要不为所动，这不是所有投资者都可以坚持下来的。如果坚持下来，收益会很丰厚。

第二个缺点，这种策略对指数基金的品种有要求。

如果指数基金背后公司的盈利增长速度本身比较慢，那就不适合用这种止盈的思路了。目前适合第二种止盈思路的，主要是两类：一类是优秀的宽基指数基金，特别是策略加权指数基金，如红利、基本面、价值、低波动等；另一类是优秀的行业指数基金；如消费、医药、中概互联等。

## 按估值止盈的优化：梯度止盈

我们前面介绍过，在定投指数基金的时候，我们会应用定期不定额的方法。指数基金越低估，我们买入越多。

当指数基金估值进入高估区域，我们卖出指数基金，其实也可以使用同样的方式。只不过是反过来，进入高估区域后，我们把手里的指数基金分成多份，估值越高，卖出的比例也越高。

这种分批卖出、按照估值调整卖出金额的止盈方式，也被称为“梯度止盈”。

比如说一只指数基金，在 20 倍市盈率以上进入高估区域。进入高估区域的时候，我们持有这只指数基金 1 万份。当指数基金达到 20 倍市盈率时，我们卖出 10% 的基金份额。下个月，当指数基金达到 24 倍市盈率时，我们卖出 $10\% \times (24/20)^2 = 14.4\%$ 的基金份额。估值越高，我们卖出的比例越高。

这种卖出方式的好处是，防止在牛市初期就把指数基金全部卖出。因为一次大牛市，可能市场整体涨幅会很高，如果刚进入高估就卖出了，后面的收益会缺失。不过风险是，有可能牛市结束了，还没有卖完。

不过相比一次性进入高估止盈来说，梯度止盈可以把卖出门槛降低一些，更容易达到卖出的条件。跟定期不定额买入相配合，也是不错的技巧。

## 不止盈，长期持有

### 长期持有的投资策略

第三种思路，是不止盈，也就是买入低估的指数基金，然后长期持有，以分红的形式获取现金流。

首先长期持有不卖出，靠分红获得收益，这样的投资策略是存在的。而且“股神”巴菲特和“指数基金之父”约翰·博格都提倡过这种投资方法。

约翰·博格认为，如果客户的收入需求和指数基金的股息分红、利息收入等相匹配，那就没有比简单的坚持到底更好的投资策略了。(2000 年)

换句话说，也就是长期持有，依靠每年的现金分红来获取现金流，满足生活所需。

当然，这样做要求投资者有一个足够强壮的心脏。遇到股市大幅波动的时候，能够坚持下来。

## 长期持有不卖出的收益

这种投资策略的收益如何呢？

在投资指数基金的过程中，投资者能收获两种收益：一种是资本利得收益（净值上涨的收益），另一种是分红收益。

在持有指数基金的时候，基金净值会长期上涨，但是因为不卖出，这部分收益短期内不会兑现，所以主要是每年收获现金分红收益。

因为指数基金自身具备长生不老的特征，只要背后公司正常经营，这些公司的盈利就是长期上涨的。现金分红作为盈利的一部分，也会随之长期上涨。指数基金就变成了一个“利息收益不断上涨”的超长期理财产品。

我们以盈富基金为例。

盈富基金的分红非常稳定，它的每份基金历年分红记录如下，具体如图 11.1 所示。

2011 年全年：0.63 港元。

2012 年全年：0.66 港元。

2013 年全年：0.73 港元。

2014 年全年：0.84 港元。

2015 年全年：0.81 港元。

2016 年全年：0.78 港元。

2017 年全年：0.93 港元。

2018 年全年：0.95 港元。

如图 11.1 所示，我们可以看到盈富基金每年的分红是长期增长的。当然，长期增长不等于每年都增长，偶尔一两年会下降一些。

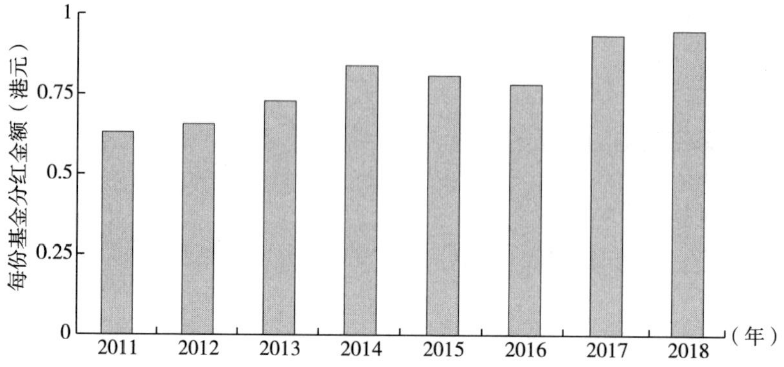


**图 11.1　盈富基金每份基金分红**

对指数基金来说，基金分红的主要来源是背后公司的分红。

公司每年赚取盈利的 30%～40%，会以现金分红的形式发放给股票持有者。指数基金持有股票，也会收到这些现金分红。基金攒一攒，会在某一天以基金分红的形式发放给基金持有者。

这就是指数基金分红的由来。

一般的股票基金分红，可能是基金经理卖出股票，获得现金，然后分红。不过指数基金分红很少是因为卖出股票，主要是因为成份股的分红。这是两者的区别。

我们前面提到过，指数背后公司的盈利是长期上涨的，分红是盈利的 30%～40%，自然也是长期上涨的。

所以，盈富基金每年分红的金额也是长期上涨的。只不过这个长期上涨不是每年都上涨。遇到像 2008 年金融危机等情况，可能短期内公司盈利也会受到影响，需要一段时间后才恢复重新上涨。

假如说我们持有 10 万股盈富基金，在 2003 年会收到 4.1 万港元，之后每年都会收到，并且越来越高，到了 2018 年会收到 9.5 万港元。未来还会越来越高。

这就是不卖出指数基金的投资方法：指数基金长生不老，我们一直持有，获得现金流。

此时，指数基金就变成了一个永续理财产品。这个理财产品没有到期时间，每年支付一次分红。

## 长期持有的条件

这种投资方法要注意以下几点。

（1）适合股息率高的指数基金。

这种方法，适合股息率高、分红多的指数基金。

通常，指数基金分红能不能长期持续，看的是股息率。如果一个指数的股息率长期比较高且稳定，是适合使用这种方法的。主要是大盘宽基指数基金，如上证 50、沪深 300、恒生、H 股，以及红利类策略加权指数基金，如中证红利、红利机会等。

（2）长期分红收益与初始买入时的股息率关系较大。

很明显，这种投资方式跟开始投资时的股息率关系很大。

如果开始投资的时候股息率高达 5%，那第一年现金分红收益率就有 5%。投入 100 万元，第一年分红就是有 5 万元。之后每年分红会越来越多。到了第 20 年，估计一年分红就有 48 万元。20 年能收到的总分红是 360 万元左右。

但是如果开始投资的时候，股息率只有 2%（例如 2015 年牛市顶峰的时候），那以这个估值买入 100 万元，第一年分红只有 2 万元，第 20 年的分红大约是 19 万元，20 年收到的总分红约 144 万元。

20 年后，一个 360 万元，一个 144 万元，差距还是非常大的。

所以用这种不卖出的思路，一定要在指数基金股息率高的时候投资。

通常对宽基指数基金来说，如果股息率超过 4%，未来的分红收益率不错，超过 5% 就是比较少见的好机会了。但是如果 2% 都不到，那就要小心。

通常股息率比较高的时候，往往也是大熊市指数基金处于低估的时候，也暗含了低估值投资的理念。所以如果打算长期持有获取分红收益，一定要在股息率比较高的时候再买入。

## 不同止盈方法，适合不同的品种和需求

至此，我们就介绍完三种不同的止盈方法了。其实聪明的投资者看完这一章，就会明白为何会有三种不同的止盈方式了。

因为影响指数基金收益最大的三个因素，就是估值变化、盈利的增长、分红的积累。三种止盈方式，其实就是基于这三个不同因素，只不过侧重点不同。

第一种止盈方式，是按照收益率止盈，通常喜欢的是暴涨暴跌的品种。这类品种一般周期性比较强，估值变化非常大，而自身的盈利增长和分红通常不太高。所以定投这种波动大、周期性强、估值变化剧烈的品种，按照收益率止盈效率会更高。通常 2～3 年就可以止盈一次。代表就是证券、能源等周期性比较强的行业。

第二种止盈方式，是按照估值止盈，高估时卖出。使用这种止盈方式，投资者会长时间持有指数基金，通常在一轮牛熊市里都持有。这个过程中，如果指数基金自身的盈利增长高，那最后叠加牛市估值的上涨，带来的总收益是非常惊人的。这类品种不应该按照收益率止盈，否则浪费了背后公司的盈利增长。代表就是优秀的宽基指数基金，如红利、基本面、价值、低波动等。另外还有优秀的行业指数基金，如消费、医药、中概互联等。大牛市没来时，低估买入，持有它们，也会有很不错的收益。通常是 7～10 年止盈一次。

第三种止盈方式，是不止盈，长期持有拿分红。只要买入时的股息率比较高，长期来看指数基金提供的分红现金流也会比较稳定。依靠分红现金流能满足日常生活的需求，投资者也就不需要再揪心股票市场的涨涨跌跌了。代表就是股息率高的宽基指数基金，如上证 50、

沪深300、恒生、H 股、标普 500 等，以及高股息率的红利类指数基金。

通常一个投资品种，只适合一到两种止盈方式，无法三者兼顾。

比如说红利类品种，用第二、第三种止盈方式都可以，但是第一种就不太合适。因为高股息率的红利类品种通常波动都不太大，牛市弹性不高。“30% 收益率止盈”策略，更适合波动大的品种，容易达成止盈的条件。

而证券行业，适合使用第一、第二种方式，但第三种方式不合适。因为证券行业盈利不稳定，分红很难稳定，长期持有它也没有分红现金流。

如果一个品种盈利不稳定、估值变化大，最好用收益率止盈方法。

如果一个品种盈利增长比较稳定，那适合低估时买入，长期持有，耐心等高估。

如果一个品种盈利稳定，分红良好，可以在低估、高股息率的时候买入，长期持有获取分红。

品种的特征，决定了止盈的特征。

## 投资者笔记

- 投资基金的卖出思路有三种：按照收益率来止盈，按照估值来止盈，以及长期持有不卖出。
- 不同的止盈方法，适合不同的投资品种和投资需求。

# 第12章

# 手把手教你做定投

**制订一份完整的定投计划**

**一个真实的定投案例**

**如何帮父母更好地养老**

**如何给子女准备教育金**

**如何用定投为自己加薪**

在前面的章节，我们已经了解了优化定投的三种思路。这一章，我们就来了解一下如何构建属于自己的定投计划。

## 制订一份完整的定投计划

### 一份完整的定投计划包含哪些内容

一份完整的定投计划，需要我们根据自己的收入和开支，设定合理的每月定投额度，也需要筛选适合投资的品种，设定好买卖区间。最终我们需要把这些因素全部一一落在纸面上，让任何一个拿到这份计划的人，执行后都可以得出相同的效果。如此，这份定投计划才算完成了。

需要强调的是，最终的计划必须落在纸面上！这样才能让自己每次投资的时候严格遵守计划，避免主观情绪的干扰。

### 四个步骤，帮你搞定一份完整的定投计划

第一步：梳理自己的现金流，确定每个月可以定投的金额。

指数基金定投一轮大约需要 3 年的时间。当然，这是一个平均值，并不是说每次都要 3 年，有时刚开始投资就遇到牛市，时间自然短些，而有时则需要五六年，但是至少我们要做好投资 3 年以上的心理准备。如果定投的钱在这 3 年里会用到，那在很大程度上会影响我

们的投资。所以，定投的金额要选得合适。如果定高了，可能会影响我们的正常生活，导致后期由于生活所需被迫卖出基金。

每个月拿出多少钱来进行投资，取决于投资者每个月能剩多少钱，毕竟每个人的收入和开支都不相同。

螺丝钉刚开始定投的时候，每个月的工资收入去掉个人的生活开支，还剩下 4 000 元左右。那么，拿出不超过剩余金额的一半用于定投指数基金，也就是 2 000 元，是比较合适的。

为什么是剩余金额的一半而不是全部呢？这是因为定投指数基金的资金可能在几年的时间内不能被拿来使用，所以得留出一部分钱作为备用金，以备不时之需。

现在，读者就可以来具体分析一下自己或者家庭每个月的收入和开支（可以配合记账来进行），并根据未来用钱的规划（如未来 3 年是否有大额资金的使用计划等），确定自己大致的定投金额。

第二步：挑选出当前具有投资价值的、被低估的指数基金。

具体的挑选方法我们在前几章讲过了，这里不再赘述。大家也可以参考螺丝钉提供的估值表里的指数基金，选择适合自己的。

第三步：选择熟悉的投资渠道，构建一份定投计划。

首先，选择一个自己熟悉的投资渠道，比如银行，或者蚂蚁财富、天天基金、蛋卷基金等网络平台，或者股票账户。定投的实操步骤及演示详见《指数基金投资指南》第 5 章，或者在微信公众号“银行螺丝钉”回复“场外基金”或“场内基金”。

其次，确定自己每月定投的时间和频率，比如在发工资之后的第一个交易日进行定投。频率上，按周定投或者按月定投效果相似，选择适合自己的方式就好。

最后，在计划中把遵循的定投策略，包括什么时候定投、什么时候持有、什么时候卖出，都详细地列出来。只有这样，一份完整的计划才能落实在纸面上，帮助我们在以后的执行过程中严格遵守，避免受到主观情绪的干扰。

第四步：在实践过程中，定期检查、优化。

我们制订了一份可以执行的定投计划，但这并不是终点。一份好的计划永远不是一成不变的，需要我们在实践过程中不断地优化和改进。

为了做好计划的优化，在定投的时候我们需要做好定投记录，方便以后进行总结和回顾。定投记录一般包括定投指数基金的日期、指数基金的品种、操作（买或卖）、指数基金的价格、估值等信息。在定投日期一栏，还可以预先把每个月定投的时间写上，这样可以提醒、督促自己按计划来坚持执行。

优化的方法有很多，在前面的章节中也有过介绍，读者可以结合这些投资技巧，不断优化自己的定投计划。比如，我们知道，指数基金越被低估，投资价值就越高，越值得投资。因此我们可以将每个月定投的金额与估值结合起来，做到越低估买入越多，这样可以进一步提升投资收益。

还有一个帮助我们掌握定投知识的好窍门：计划制订好之后，要能把这份计划向别人讲明白，讲解的内容包括什么是指数基金，指数基金有哪些优势，为什么这样制订定投计划，依据是什么等。一套知识体系，只是看完，能掌握 10% 的内容，看完又去实践，能掌握 50% 的内容，能向别人讲明白，才算是基本掌握了。另外，向别人讲述的过程，也能够帮助我们对自己的定投计划查漏补缺。

这样，一份简单有效的定投计划就制订出来了。按照这个定投计划定投低估值的指数基金，可以保证一个长期不错的收益率。

## 一个真实的定投案例

以上这样一个定投计划，能获得多少收益、产生什么效果呢？

这里给大家展示一个真实的定投案例，也是我自己的指数基金定投计划：螺丝钉指数基金组合。

“买什么、怎么买、怎么卖”，一直是定投基金时最让人头疼的问题。

我们通过这本书，简单了解了如何在这三个方面优化定投，获得更好的收益，但是具体到投资的时候，还是有很多琐碎的细节。

截至2016年，螺丝钉已经定投了很长时间指数基金，收益也不错。但是很多朋友在定投指数基金的时候，还是会遇到一些问题，例如怎么挑选品种，具体买多少等。

所以螺丝钉做了一个螺丝钉指数基金组合，用产品的方式来演示如何更好地定投指数基金，也方便投资者定投指数基金。

### 买什么：以宽基指数为主，以行业指数为辅

这个组合是一个以低估指数基金为主的组合。螺丝钉指数基金组合挑选品种的核心思路如下。

- 以优秀策略类宽基指数基金为主，主要是红利、基本面、价值、低波动等策略加权指数基金。
- 以优秀行业指数基金为辅，优秀行业包括消费、医药、中概互联等长期收益居于前列的优秀行业指数基金。

投资最重要的是让自己先活下来。宽基指数基金会有波动，但宽基指数包含各行各业，它们的长期表现是稳定的，组合会以策略类宽基指数基金为主，确保在任何情况下，组合不会受到毁灭性打击。

优秀行业指数基金可以作为组合的补充。这些优秀行业本身长期的增长速度、盈利能力都是很不错的。

在挑选品种的时候，要注意有的品种是相互重合的。例如基本面

50、300 价值，这两个都是大盘类品种，并且金融地产行业比例都比较高，挑选一个就好。再比如上证红利和中证红利，深证基本面 60 和深证基本面 120，也是彼此重合较大，挑选一个就好。

在不重合的前提下，均衡配置优秀的指数基金品种。

### 怎么买：低估买入 + 定期不定额

确定了要投资的品种，之后就是怎么买的问题了。

我们前面介绍过，指数基金在熊市和牛市的涨跌幅差别巨大。最好在熊市市场低迷的阶段，投资处于低估区域的指数基金。换句话说，对上面挑选出来的好品种，最好是在熊市便宜的阶段投资。

再好的品种，也要买得便宜，这也就是我们常说的“又好又便宜”的原则。前提是先确定好品种，再使用估值，而不是反过来。

在熊市定投的阶段，如果遇到市场继续下跌，指数基金的投资价值还会提升。我们可以适当提高定投的金额，也就是使用定期不定额的技巧。这样可以额外提高一部分收益。具体的定期不定额计算公式，本书前面章节也有介绍。

使用这两种方式，就可以保证我们在挑选到好品种的基础上，以更低的风险获得好收益。

### 怎么卖：长期持有，牛市高估卖出

现在，到了卖出的环节。

如果投资者短期内需要用钱，可以在指数基金回到正常估值、有一定收益率的情况下止盈，或者直接按照 30% 的收益率止盈。这样可以大概率在 2 ~ 3 年就遇到一次止盈机会，方便短期内用钱。不过按照收益率止盈，需要投资者根据自己的情况来判断。

如果投资者长期不用钱，如 3 ~ 5 年或 5 年以上不用钱，就可以低估买入，耐心持有指数基金。除非出现牛市后期的高估，其他时间不考虑卖出。通常牛市高估，是 7 ~ 10 年遇到一次，例如 A 股 2000 年牛市、2007 年牛市、2015 年牛市。

低估买入，在正常估值时耐心持有，因为我们买入的是长期盈利增长不错的品种，盈利增长也会给我们带来不错的收益。所以在牛市到来之前，我们的组合已经有不错的收益了。可以结合我们前面章节介绍过的止盈策略来卖出。

这就是螺丝钉指数基金组合，定投指数基金的理念和思路综合运用了各种优化定投收益的方法。

在构建这个组合之前，螺丝钉是自己定投单只指数基金，但挑选基金的思路、定投多少钱、最终收益等都不好统计。有了这个组合之后，就可以更方便地运用定投的技巧了。

### 螺丝钉组合的收益

我们来具体看一下，螺丝钉组合的收益率情况。

（1）2016 年 1 月 1 日至 2019 年 5 月 1 日，螺丝钉指数基金组合跑赢上证指数。

上证指数同期下跌 13%，螺丝钉指数基金组合同期上涨 32.9%。这 3 年多时间里，螺丝钉指数基金组合跑赢上证指数 45.9%，平均每年跑赢上证指数约 11%。

（2）2016 年 1 月 1 日至 2019 年 5 月 1 日，螺丝钉指数基金组合跑赢沪深 300 指数和中证 500 指数。

沪深 300 指数同期上涨 9.74%，螺丝钉指数基金组合同期上涨 32.9%，跑赢约 23%。

中证 500 指数同期下跌 27%，螺丝钉指数基金组合同期上涨 32.9%，跑赢约 59.9%。组合每年跑赢的幅度大小不一。具体如图 12.1所示。

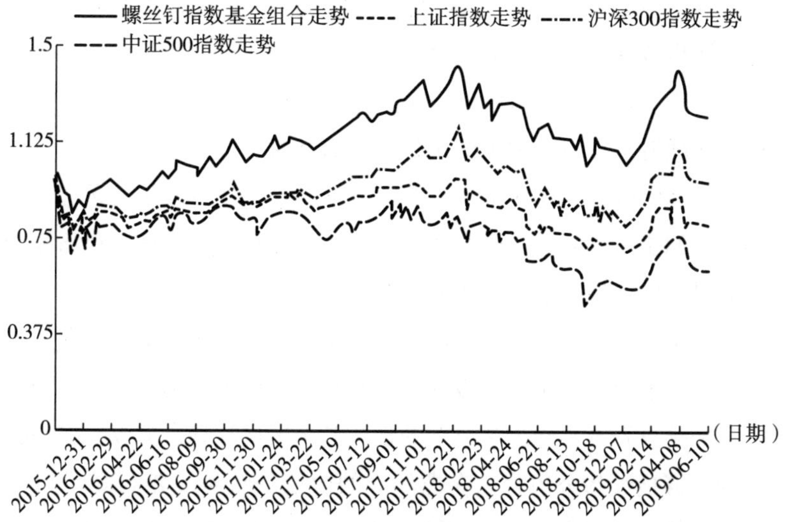


**图 12.1　螺丝钉指数基金组合与上证指数、沪深 300 指数、中证 500 指数走势对比**

获得更高收益的原因主要是以下两部分。

（1）挑选了长期收益更好的优秀品种。

例如，螺丝钉这几年里投资的优秀策略加权指数基金的收益率高于沪深 300 指数。

（2）在熊市低估区域投资，越跌越买。

2016—2018 年，A 股大多数时间里处于下跌，在熊市低估区域投资，符合我们前面说的买价格低于价值品种的理念。并且组合越跌越买，也能获得一些额外的收益。

在投资的过程中，也曾经出现在长达半年左右的时间里，组合跑输沪深 300、中证 500 等指数的情况。这也是很常见的。

比如说我们前面介绍过的一些跑赢沪深 300 指数、中证 500 指数的策略指数，但通常是一年里，7 个月跑赢、5 个月跑输。这些策略指数不会每段时间都是跑赢的，但是时间拉长了，其收益率仍然有优势。

随着A股逐渐成熟，螺丝钉指数基金组合未来可能每年跑赢沪深300指数和中证500指数3%~5%。

每年3%~5%的超额年化收益率，复利积累起来，最后组合是可以大幅战胜沪深300和中证500指数基金的。

从2016年到2019年，A股是一个整体下跌的过程。在这个过程中，我们也可以获得正的收益，等到了像2007年和2015年那样的牛市阶段，收益还会有一个质的飞跃。

这是一个真实的定投指数基金的案例。这个组合也会长期运作下去，为普通投资者定投指数基金，起到一个参考作用。

如果投资者不想思考复杂的指数基金定投计划，可以直接跟投这个螺丝钉指数基金组合。在螺丝钉的微信公众号“银行螺丝钉”上回复“螺丝钉组合”，可以看到具体跟投方法，以及最新的组合持仓和投资收益介绍。

在定投过程中，投资者可能会面临各种不同的需求。这里用三个实例，讲解一下三种最有代表性的定投需求，以及如何针对不同需求制订相应的定投计划。这三个实例分别是为父母构建养老定投计划，为自己构建加薪定投计划，为孩子构建教育定投计划。这三个计划都以1 000元作为初始投资资金。

不管是什么需求，定投过程中“买什么、怎么买、怎么卖”这几点基本不变。读者可以参考这三个实例，更好地完善自己的定投计划。

## 如何帮父母更好地养老

我父亲有一笔40万元的养老金，如何帮他做资产配置？全部买货币基金可以吗？

全部买货币基金会有点儿吃亏，因为货币基金是肯定跑不赢通货膨胀的。

货币基金的优势在于：它基本上不会亏损。

长期不用的钱，其实挺适合配置低估指数基金的。不过父母年纪大了，抗风险能力、对市场波动的接受程度可能都会低很多。

下面介绍几种帮父母养老的办法。

## 30% 左右的存量资金，配置指数基金

我们可以用“100 - 年龄”的方式，来决定配置指数基金的比例。

比如说父亲 60 多岁，接近 70 岁了，那就可以直接用 30% 的资金，也就是 12 万左右，来投资低估指数基金。

投资指数基金的这部分资金又可以分成 20 份，按月分批配置低估的指数基金。

对养老来说，低估的红利类指数基金是很合适的选择。或者直接投资螺丝钉指数基金组合，这个组合就是一篮子低估的指数基金，一键投资也非常方便。不过组合是按周来定投的，那这部分资金可以分为 80 份来按周分批定投。

剩下的 28 万元，可以配置银行理财产品、货币基金等品种，力求稳定。

这样，这笔资产的配置情况如下。

- 指数基金部分，长期来看可以跑赢通货膨胀，用来长期增值。
- 银行理财产品和货币基金部分，可以用来应付日常生活的支出。

不过上面这种做法，前提是父母明白指数基金的投资价值，有能力长期投资。有的时候父母是不敢投股票市场的，他们害怕有风险，

把养老的钱损失掉了。这时我们就需要一个更稳妥的投资方法：保本投资组合。

## 用 CPPI 策略制订一个“保本投资组合”

早期余额宝刚出来的时候，曾经流传一个笑话：买 1 万元的余额宝，用每天的利息买彩票。因为余额宝每天都有利息，用利息买彩票是源源不断的。当然我们掌握了投资的理念后，就知道这只是一个笑话，因为彩票是负收益的，平均投入 100 元，可能只剩下 50 元。但是这个原理可以被用在投资上，打造一个保本投资组合。

保本投资策略，比较常见的是 CPPI 策略，即大部分资金配置货币基金、理财产品、债券，少部分资金配置低估指数基金。

比如说 100 万元，用 90 万元配置年收益率为 5% 的理财产品，剩下的 10 万元配置低估指数基金。

一年后，如果股市下跌，低估指数基金跌幅最高为 20% 左右，那 10 万元还剩下 8 万元，但是理财产品可以获得 4.5 万元的收益，合计就是 90 + 4.5 + 8 = 102.5 万元，还是保本的。

如果股市上涨 30%，那 10 万元会变成 13 万元，那就是 90 + 4.5 + 13 = 107.5 万元。

因为指数基金长期上涨，且优秀指数基金的长期年化收益率在 10% 以上，比理财、债券等品种的收益还要高，所以这样做大概率收益会更好。同时，兼顾了本金的安全性，所以 CPPI 策略也被称为保本投资策略。

那这个策略里，指数基金和理财产品的比例怎么确定呢？通常是以稳健的理财产品等品种为主要仓位，以指数基金为小比例的仓位。

比如说低估指数基金，最大跌幅在 20% ~ 30%，只要理财产品的收益可以覆盖指数基金的最大跌幅，那就不用太担心亏损的问题。

通常来说，配置理财产品的比例为 8 ~ 9 成，剩下的配置低估指数基金，就可以实现类似保本的效果了。遇到市场短期上涨比较多，那最后收益会远高于普通的理财产品的收益。以前市面上的保本基金，基本使用的就是类似的原理。

所以，如果父母不能接受第一种投资方法，用 CPPI 策略投资也可以。比如说我们不动用 40 万元的本金，用每年的银行理财产品或者储蓄的利息来投资低估指数基金。这样无论指数基金怎么波动，40 万元的本金不会有风险。每年利息投资低估指数基金，时间拉长了收益也不错，至少比单纯存银行好很多。

### 拿出一部分工资，为父母构建一个养老定投计划

其实，国内现在养老制度越来越完善，父母退休后都有退休金、养老金，生活并不愁。但父母操劳一辈子，习惯为儿女考虑，不舍得花钱为自己改善生活，提高生活质量。所以我们可以帮他们建立一个养老定投计划，每个月拿出工资的一部分，定期投入一部分钱，用于他们退休后提高生活质量，例如去旅游、买自己想要的东西。

养老定投计划前期不断投入，退休后开始支取。因为退休前有工资收入，而退休后的收入会比退休前有所滑落，所以需要养老定投计划来补充。

养老定投计划可以仿照养老金的方式：退休前一直往计划里定投资金，只进不出；退休后开始有限度地支取，每年提取比例不超过指数基金市值的 4%；每年结余的资金也可以再投入指数基金。

在为养老定投计划选择基金品种时，也应该有一定的倾向性。养老定投计划特别适合构建在高分红的指数基金品种上，例如红利指数基金。因为红利指数基金一般具备高分红的特性，后期依靠指数基金每年的现金分红，就可以稳定获取用作支出的现金，并且指数基金的分红并不受股价涨跌的影响。

所以我们可以为父母养老制订如下定投计划。

（1）确定每月投入养老定投计划中的资金量。

（2）投资低估指数基金或者螺丝钉指数基金组合，或者挑选股息率比较高的指数基金品种。

（3）确定定投日、定投渠道等，再根据个人的需求，决定定投的年限（比如还有多少年退休，大约何时会需要取用资金等）。在此之前进行定投，资金只进不出，达到一定年限后，基金每年的分红收益就可以用来支付生活的相应开支。如果基金没有分红，可以每次卖出不超过 4% 的基金份额获得现金，这样不会影响长期取用。

（4）遵循指数基金的投资策略，在指数基金处于低估、值得投资的时候，开始我们的定投计划。

## 如何给子女准备教育金

宝宝两岁半，我想给宝宝储备一笔教育基金，该怎么做？一直想定投基金，但是该如何准备呢？

### 教育定投的特点

教育定投有如下几个特点。

（1）需要用钱的时间点非常明确。毕竟子女什么年纪上小学、上大学都能预测到。

（2）从开支的角度，大学开支和留学开支是最大的，所以教育定投主要是为这两项开支做准备。

我们以储备大学教育基金为例，通常子女是 18 岁上大学，在上述案例中，也就是离用钱还有 16 年左右。

一轮牛熊市通常是 7 ~ 10 年，如果是离用钱还有 16 年，那大概率至少会遇到一次牛市。那可以通过定投低估指数基金来积累大学教育基金。下一轮牛市的时候高估卖出，收益会不错的。这段时间内的定投跟普通定投差不多，也可以直接按比例跟投螺丝钉指数基金组合，比较省心。

不过，卖出后再投入的时候，距离用钱可能不到一轮牛熊市了。那就需要放宽卖出的阈值。

比如说之前到高估卖出，现在可能到正常估值就卖出，这样可以两三年就等到投资机会。或者干脆用按收益率止盈的方式，收益率满 30% 就卖出。这都是增加卖出的机会，不需要等太长时间，保证资金到用的时候能拿出来。

如果距离使用资金还有 2～3 年，那就不适合投资低估指数基金了，用银行理财产品等稳妥工具打理就好。

距离用钱的时间越远，低估指数基金越值得考虑；距离用钱的时间越近，那就要考虑稳妥的工具了。

### 准备教育金的要点

如何为子女构建教育定投计划，是当前许多年轻父母非常关注的事情。如今养育孩子的成本越来越高，各地尤其是竞争激烈的北上广等大城市，“拼娃”的现象越来越严重。目前送一个孩子去英国读书，平均每年要准备 15 万～30 万元人民币。在北京，一个普通的小学生一年至少也要花费几万元用于报培训班、辅导班等。对现代人来说，子女教育在家庭开销中所占的比重越来越大。

十几年前，银行就开始宣传“教育储蓄”，意图让家长存银行定期，为自己的孩子积累将来教育所需的开支。很明显，定期储蓄的利率一年只有几个点，2015 年降息之后，一年期定期储蓄的利率不到 2%（截至 2017 年 6 月 30 日）。靠银行的定期储蓄为子女教育储备资金，实在不是一个好的选择。

教育金有一个很明显区别于其他计划的特点，那就是需要用钱的时间点具有很强的可预见性，且往往在这个可预见的时间点是一次性支出的。所以，准备教育金定投计划时，首先要保证资金在需要使用的时候，一定是以现金的形式存在的，是可以拿来用的，其次才是提高收益。

因此，子女教育金定投计划在卖出条件的设置上要放宽，这样就能等到更多的卖出机会。卖出之后，可以将之转为保本理财产品来打理。虽然收益会低一些，但卖出机会往往在更短的时间里就能等到一次，不会影响资金的提取。

所以，我们可以以此构建如下子女教育金定投计划。

（1）确定教育金定投计划的每月定投金额。

（2）投资低估指数基金或者螺丝钉指数基金组合。

（3）确定定投日、定投渠道等，再根据孩子上学需要用钱的时间，确定定投的年限。

（4）遵循低估买入的策略来定投。如果短期要用钱，可以根据“30% 收益率止盈”，或者进入正常估值后止盈。

## 如何培养孩子的财商

对孩子进行财商教育，是现代教育非常缺少的一部分，但实际上这对家庭财富的影响是最大的。有些孩子甚至到了大学毕业，才开始有理财的意识。螺丝钉就是如此，上班之后才开始重视投资理财，但起步还是晚了一些。

小孩子没有收入，也没有生活的压力，暂时不太需要了解具体的投资理财技巧，更重要的拥有正确的理念。

第一个理念，是有正确的消费观，能存下钱。

投资的第一步是存钱。但其实这一步很多人做不到。现在消费信贷产品层出不穷，很多年轻人都是借钱消费。

消费是拿当前的资金，获得即时的满足感。投资是把当前的钱先投到资产上，期望以后增值了再消费获得满足感。任何情况下，消费都比投资更容易。因为消费不需要等待，是一种即时享受。但是同样的钱，去做任何一种投资，都需要时间的沉淀，这就需要我们有足够的耐心。

有些人没有耐心，无法等待长期投资，他们会把钱拿去消费，甚至借钱消费。

所以首先要帮助孩子建立正确的消费观，让他们知道父母赚钱不容易，不能轻易挥霍，自己想要得到什么东西，就得先付出。而且有多少钱，花多少钱，“把钱花在刀刃上”。这样孩子将来至少不会变成月光族或者败家子。

第二个理念，是有攒资产的意识。

可以先从货币基金开始。因为货币基金比较直观，每天都有收益，父母可以买入 1 000 元的货币基金，每周给孩子展示一下账户资产量是在不断增加的。

父母也可以把钱兑换成孩子能直观认知的东西，如玩具等。例如 1 000 元现在可以买 100 个孩子喜欢的玩具，但如果把 1 000 元买成货币基金，过段时间，就可以买 103 个孩子喜欢的玩具。

不同类型的资产的差别，其实主要是收益和波动风险，但本质上都是产生现金流、不断增值。让孩子从货币基金开始认识到要攒资产。之后可以再逐渐介绍各种不同资产，收益高的资产有哪些。

上面两个理念，孩子在小学阶段都可以掌握。

第三个理念，是把投资理财的技能，跟自己的人生规划结合起来。

社会财富是逐渐增多的，所以手里的现金会贬值，越来越不值钱。

有些资产可以跑赢通货膨胀，但有些资产是跑不赢通货膨胀的。像货币基金等，虽然很稳健，每天都有收益，但是长期来看是跑不赢通货膨胀的。能跑赢通货膨胀的资产，主要是优质的股票资产、房地产资产、人力资产。

优秀的股票资产，可以从低估指数基金中选择。可以指导孩子用压岁钱做一个按年的定投计划，10 年下来，这个计划的收益是很可观的。

优质的房地产。孩子大学毕业之后在哪个城市工作定居，就在哪里买房。年轻人购买首套房产，可以享受很多福利，比如首付比例比较低，还可以用公积金贷款等。很多地方的公积金贷款利率只有 3.25%，这是国家给的一个福利，可以帮家庭减少很多负担。

优秀的人力资产。国内本科学历学生的平均月工资比大专学历学生高，研究生比本科生高。这也是我们要认真学习、考好学校的原因。

要么持有优秀的资产，要么把自己变成优秀的资产，才能跑赢通货膨胀。

这更多是高中阶段和大学阶段的孩子需要拥有的理念，把投资理财的技能跟自己的人生规划结合起来。

## 如何用定投为自己加薪

> 刚毕业进入国企，完全不懂理财这方面的知识，工资只有4 000 ~ 5 000 元，每月定投多少钱合适呢？

在国企工作，收入稳定，意味着现金流很稳定，但收入的增长速度可能不会太快，特别适合采用定投的投资方法。这一阶段收入相对较少，主要以积累经验为主。等有了经验，未来收入提升了，可以再逐渐提高投资比例。

我们可以以此构建一个加薪定投计划。

第一，可以用每月的收入减去各项开支，然后将剩余资金的一半用来投资指数基金。这是一个比较通用的规则。如果金额比较少，也可以固定每个月节约下一部分来定投。

比如说每个月挣 5 000 元，开支 2 000 元，剩下的 3 000 元，可以拿 1 500 元来定投。其余的 1 500 元，可以报学习班、考证，提升自己的竞争力。因为三四十岁之前，努力提升自己的人力资产，也是很重要的。平时也有一些花销需要应对，如果剩余的钱全部拿来投资，也不太合适。具体比例可以根据个人情况来调整。

第二，在定投的时候，要做到越低估越买入。

比如说我们在 10 倍市盈率的时候投入了 1 000 元，那 9 倍市盈率的时候，指数基金便宜了，定投时可以投入更多的钱，也就是应用定期不定额的定投方法。

这增加的钱从哪里来呢？这就是保留的 1 500 元发挥威力的时候了。我们可以暂时控制自己的开销，增加投资金额（毕竟这段时间里市场环境更好）。

第三，要努力提升自己的人力资产价值。

相对来说，只要努力，人力资产价值的提升还是比较容易的，股票市场涨跌反而需要耐心等待，不好控制。

在同样一个单位上班，为何有的人工资涨得很快，有的人工资就停滞不前呢？这两类人的人力资产价值应该有很大差别。

如果能使自己的人力资产价值稳定提升，那获得稳定的现金流增长就比较容易。

不过有些朋友的收入情况比较特殊——收入时高时低，这种情况下该如何坚持定投呢？

## 你的工作，是股性的还是债性的

不同的工作，本身的性质也会有差别。

股民聊天的时候，经常会说某某股票股性强、某某股票股性弱。这个股性，可以理解为是股价的大涨大跌。股性强的话，那这只股票就容易大涨大跌，波动大。如果说某项资产债性强，则是指其收益比较恒定，不会出现太大的波动。

我们的工作也是一份资产，它也可以带来现金流。所以，工作也分股性和债性。

## 什么是债性工作

债性工作是指，工资现金流比较稳定，每隔一段时间慢慢提升，按月支付，如事业单位、国企等类工作。这类工作的工资，不会有太大的起伏，比较稳定。

因为工作偏稳定，所以拥有这样工作的人其实对债类资产的需求就不大。哪怕是股市长期低迷，依靠工作也可以安然度过，配置低估的股票资产，每隔几年牛市的时候可以放大收益。

所以事业单位、国企的员工，以及其他收入稳定的群体，比较适合定投指数基金。

## 什么是股性工作

如果工作收入不稳定，比如说在券商、地产、保险等行业工作，这种情况下可以增加债券资产的配置，防止“股票低迷、工作低迷”同时出现，影响生活。

通常来说，在股票市场低迷的时候，证券公司也会不景气，相关从业人员的收入也比较低迷。这时会出现“收入大幅下滑，投资收益也很低”的双重打击。想定投也比较吃力。

曾经，有个股票基金经理接受采访，说自己配置的股票资产并不多，反而配置了很多债券资产。很多网友就质疑这个基金经理。其实这个基金经理的选择是对的，因为他的收入受股票涨跌的影响较大，他这份工作股性大，配置债券资产更有利于家庭稳定。

通常，社会上追捧的职业都是债性居多，如公务员。其实也比较好理解，因为现金流稳定，未来的现金流容易预期。即使是在股票市场，盈利稳定可预期的股票，市盈率也都挺高的。现实世界中，这样性质的工作也会受追捧。

工作是股性和债性其实没有明确的量化标准，我们可以看看工资单，如果每个月变化不大或者上涨缓慢，那这样的工作更偏债性一些。

做资产配置的时候，我们容易忽略工作性质不同带来的影响。实际上，做资产配置要考虑自己工作的特性。

偏债性的工作，就要多配股票资产，弥补工作收入波动不大、上涨缓慢的缺点；偏股性的工作，可以配置股票资产，同时也要配置好债券资产，平滑工作收入的波动，保障生活。

如果工资结余不稳定，还是保守一些，按一个每个月都能拿出来的金额来定投。或者先积累一笔资金，每月的结余先流入这个“蓄水池”，再从这个“蓄水池”中稳定地取出资金来定投。这样也可以实现稳定投资。

## 投资者笔记

- 一份完整的定投计划包括四个步骤：梳理自己的现金流，挑选当前具有投资价值的低估指数基金，构建定投计划，定期检查优化。
- 螺丝钉指数基金组合：帮助大家一站式解决“买什么、怎么买、怎么卖”的问题，让投资者更方便地定投指数基金。
- 通过三个目的不同的定投案例来完善自己的指数基金定投计划：给父母准备的养老金定投计划、给子女准备的教育金定投计划、给自己的加薪定投计划。

# 第13章

## 新手定投常见的10个问题

基金净值的高低，对收益有影响吗

指数基金的ABC类，有什么区别

场内基金和场外基金，哪个更划算

已经有一笔资金，要分批投入吗

日定投、周定投和月定投，哪种频率更好

定投一定能够降低成本吗

定投多久，才能开始赢利

看点数来买基金，靠谱吗

有没有完美的“高抛低吸”投资方法

定投低估的指数基金，最大浮亏是多少

在具体投资的时候，我们会遇到一些常见的问题。本章汇总了一些新手定投常见的问题，以帮助大家更好地进行定投。

## 基金净值的高低，对收益有影响吗

0.5 元的基金比 2 元的更便宜，它更值得买吗?

大多数人都知道基金规模对投资有影响，不过也有朋友会问，基金净值的高低会不会对基金的投资价值有影响。

基金净值，是指每一份基金所持有的股票、债券、现金等的市值。每一只基金有自己的基金份额数量。

基金净值 = 基金规模/基金总份额数量

不过基金净值对指数基金投资价值的影响并不大。

以前有很多投资者觉得，0.5 元的基金比 2 元的更便宜、更值得买："1 000 元买 0.5 元净值的基金，能买 2 000 份，如果买 2 元净值的基金只能买 500 份，那当然是买多点赚得多啊。"

有这样想法的投资者还是挺多的。以前也有基金公司专门拆分基金，把一份 2 元净值的基金拆成两份 1 元净值的基金，这样显得净值低一些。

不过，指数基金的净值高低跟其投资价值关系不大。1 元净值的指数基金，背后对应着 1 元市值的股票；2 元净值的指数基金，背后对应着 2 元市值的股票。

如果投资 1 000 元，前者会买到 1 000 份，买入的市值为1 000 ×1 = 1 000元，后者会买到 500 份，买入的市值为 500 ×2 = 1 000 元，都是买入 1 000 元市值的指数基金。所以，追踪同一个指数的指数基金，其基金净值高低对投资收益影响不大。

## 指数基金的 ABC 类，有什么区别

我发现指数基金的名称常常有 × × 指数 A、× × 指数 C、联接 A、联接 C、增强 A、增强 C 等，指数基金后面的 A、B、C 等的字母后缀代表什么意思呢?

一般基金后面的 ABC，说的是收费的方式。A 代表前端收费，收取申购赎回费。B 代表后端收费，申购的时候不收费，但是赎回的时候收费。C 代表不收取申购赎回费，但是收取销售服务费，按照持有时间长短来收取。

首先，介绍一下 A 类和 B 类。

以前申购基金主要通过银行渠道，银行申购费不打折。所以 A 类基金申购费率通常是 1% ~ 1.5%，赎回费率为 0.5%，长期投资后赎回费免除。B 类基金申购的时候没有申购费，如果短期持有，赎回费非常高，长期持有（比 A 类更长时间），赎回费免除。

但是后来有了申购费打一折的基金销售平台，例如蚂蚁财富、蛋卷基金、天天基金，所以 B 类和 A 类的差别就很小了。

有的时候 A 类反而更有优势，加上很多基金没有 B 类，所以通常就选有折扣的基金销售平台买 A 类就好。

其次，A 类和 C 类基金如何选择呢？

在有折扣的基金销售平台申购 A 类基金，如果长期投资，申购费率大约是 0.1%，长期持有后赎回费免除。

C 类则是不收取申购赎回费（不过持有不到 7 天会有一个惩罚性的 1.5% 的赎回费率），但 C 类的销售服务费挺高的。销售服务费率通常是 0.2%~0.5%/年，按照持有时间长短来收取。

C 类基金通常是给短期买卖的投资者提供的。如果是长期投资，A 类基金反而会更有优势。

我们以天弘沪深 300A 和天弘沪深 300C 为例具体分析一下。

对于 A 类和 C 类基金，一般情况下，投资的策略、基金的管理费和托管费等都是相同的，所以它们的投资收益差别不大，主要是交易费用上的区别。

A 类基金 000961 的申购费率为 1%。不过现在通过申购费打一折的基金销售平台，申购费率就是 0.1%。A 类基金 000961 的赎回费率是 0.05%。一般来说，指数基金的赎回费率通常是 0.5%，天弘这一只基金的赎回费率算比较低的。

C 类基金 005918 则没有申购赎回费（持有不到 7 天收取 1.5% 赎回费），但是销售服务费率每年为 0.2%。按照持有日期来计算，持有一天收取一天。假如说某年 1 月 1 日买入 005918，只要持有 1 年的时间，销售服务费率就是 0.2%。下一年继续持有，还会收取 0.2% 的销售服务费。

可以看到，如果投资的时间比较长，C 类基金的费用反而要更高一些。如果投资时间比较短，C 类基金的费用才会比较划算。

### 惩罚性费率

需要注意的是，无论是 A 类还是 C 类基金，都有一个规定：持有不到 7 天就赎回时，会有一个惩罚性的 1.5% 的赎回费率。这个钱会被归入基金净值。

对老的基金持有者来说，这个规则是有利的。但是对短期买卖的投资者来说，这个规则很要命。所以不要频繁地赎回短期买入的基金。

如果真的要在几天里进行买卖，尽量走场内渠道。场内的 ETF 基金是专门为短期买卖的投资者准备的基金品种，场外更适合长期投资。

所以，投资者通过有折扣的基金销售平台投资时，可以选 A 类。长期投资时，可以选 A 类。短期投资时，可以选 C 类。

## 场内基金和场外基金，哪个更划算

> 一只基金场内场外都可以购买，怎么样决定在场内买还是场外买呢？

对于这个问题，我们要从基金的交易方式开始谈起。

场内场外代码相同的基金，叫作 LOF 基金，也被称为上市型开放式基金。这种形式的基金，可以从场内来投资，也可以从场外来投资。

这里的“场”，指的是证券交易所。场内，意味着在证券交易所里进行交易。场外，意味着在证券交易所之外的地方进行交易。这其实是交易地点上的区别。

过去，网络没有这么发达，场内交易是需要去证券交易大厅进行操作，或者是打电话给交易所的交易员，让他们进行操作，而场外交易，一般是去银行进行操作。

如今，无论是场内交易，还是场外交易，都可以在网络上进行操作，足不出户，就可以完成投资了。

其中，场内有两种交易方式：买卖和申赎，而场外只有一种交易方式：申赎。

买卖和申赎有什么区别呢？

申赎是按照基金净值来操作的，是直接与基金公司进行的交易，没有溢价或折价的风险。所以对普通投资者来说，如果不太了解场内基金的交易规则，可以“从场外渠道进行申购”来投资指数基金。

场内买卖是投资者与其他基金持有者互相买卖来交易基金。也就是，散户与散户之间进行的交易。既然是散户，有的时候就会出现一些不理性的行为，导致场内买卖的价格过低或者过高。

例如，2015 年股灾的时候，很多场内基金的折价率高达5%~10%，而大牛市的时候也有可能出现 5%~10% 的溢价。

另外，目前国内很多场内指数基金的买卖交易量比较小。例如基本面 120、深证红利 ETF 等不错的品种，之前场内买卖的交易量只有一天几千元或者上万元，流动性比较差。我们在投资的时候需要注意。

总之，在场内通过买卖的方式进行交易，我们需要考虑指数基金的溢价风险和流动性风险。关于这些风险的具体分析可以参考《指数基金投资指南》。

对于普通投资者来说，可能没有精力或者没有办法识别场内的折价溢价风险，那么比较适合的就是“从场外渠道进行申购”来购买基金，简单，也更加省心。在指数基金低估的时候进行投资，长期投资收益也是不错的。

下面分别介绍一下场内基金和场外基金的定投步骤。

（1）场内基金的定投步骤详解。

场内基金没有自动定投的功能，需要大家手动定期买入来实现定投。

场内基金的交易规则包括时间和地点。地点上，并不限制在证券交易所的交易大厅，我们更多的是通过证券公司的股票交易软件来操作。时间上，我们需要在交易日的交易时间里进行操作。交易日指的是非节假日的周一到周五。国内的交易时间是 9：30—11：30、13：00—15：00。

通过场内渠道进行交易，我们需要先开好股票账户，同时可以联系自己券商的客户经理，咨询一下如何向账户转入资金、如何买卖场内基金等问题。

场内基金定投操作步骤演示使用的是螺丝钉常用的券商及软件，以华泰证券的 App 为例，并且配合投资红利 ETF 这只指数基金来操作。大家若是使用其他券商的股票交易软件，操作上也是类似的流程。

第一步，在手机上打开股票交易 App，登录。点击下方中间的“交易”一栏，再点击右上角的放大镜，查找想买入的基金。

图 13.1　买入红利 ETF 步骤一

第二步，在查询框中输入“510880”，ETF 的意思是交易型开放式指数基金，是场内基金的一种。点击该条目，进入 510880 的页面。

**图 13.2　买入红利 ETF 步骤二**

第三步，点击左下方的“买”，进行买入操作。

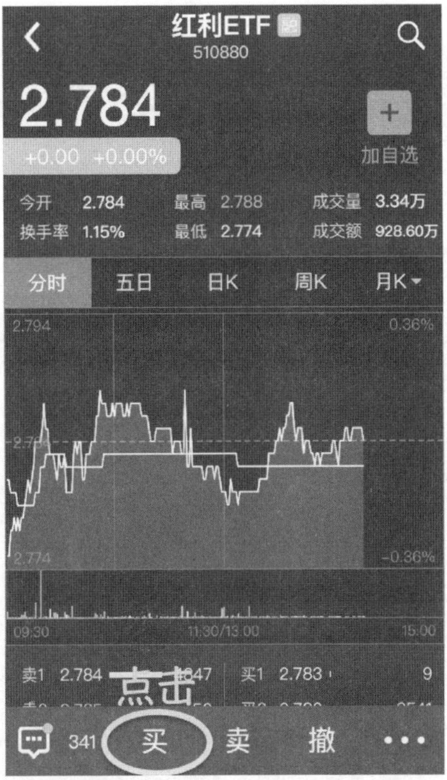


**图 13.3　买入红利 ETF 步骤三**

第四步，在买入页面中，输入准备买入的价格和份额。一般情况下，价格是自动输入好的，等于“卖一”的价格。在左下方可以看到，卖一价格为2.784元。

一般买入场内指数基金，填写“卖一”的价格；卖出场内指数基金，填写“买一”的价格。

填入价格之后，再输入买入的股份数，如200股。点击买入。场内交易是100股起买的，输入时也只能输入100的整数倍。大多数场内基金的单价在0.8~3元，所以只需要几百元就可以开始投资场内基金，门槛并不高。

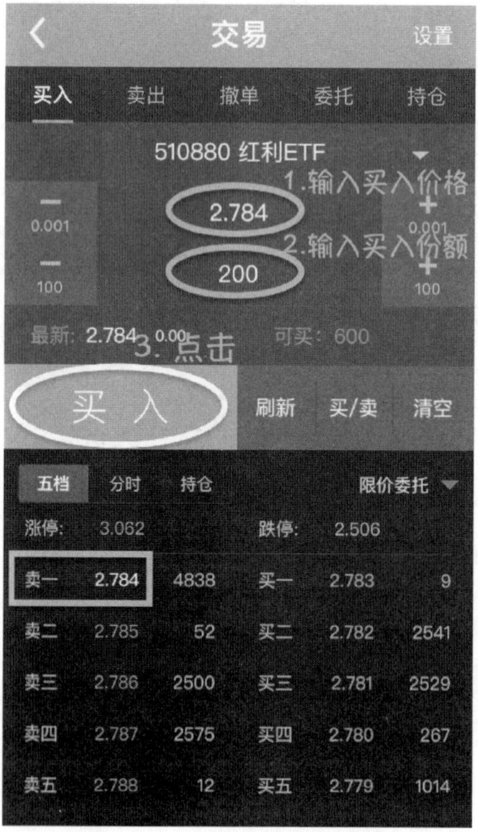


**图13.4　买入红利ETF步骤四**

第五步，点击买入后，有一个弹出窗口，要求确认买入的基金代码和份额，点击确定后，系统会弹出提示，显示“委托提交成功”。这意味着成功提交了买入申请。但这并不意味着已经成功买入了，还得检查是否成功成交了。

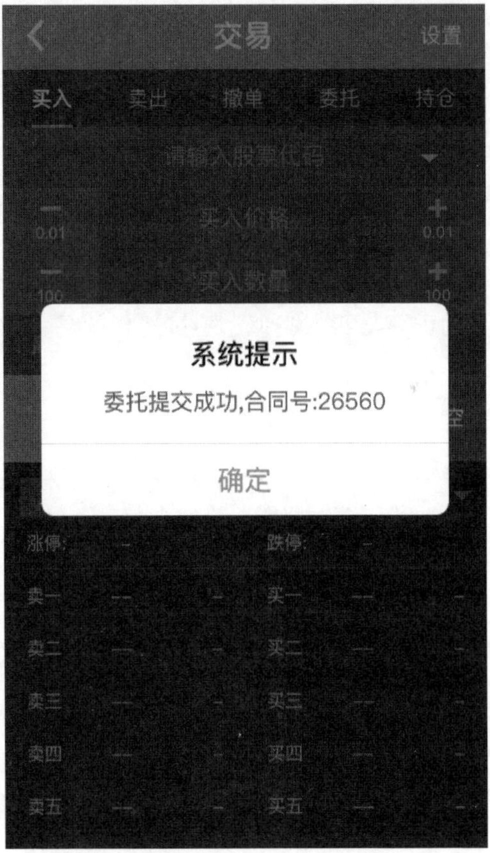


**图 13.5　买入红利 ETF 步骤五**

第六步，屏幕上方的几个栏目，分别是买入、卖出、撤单、委托、持仓等，点击“委托”，检查一下是否成功成交了。可以看到当日委托后面标注着“已成”，这就表示已经成功买入了 200 股红利 ETF，成交价格为 2.784 元。

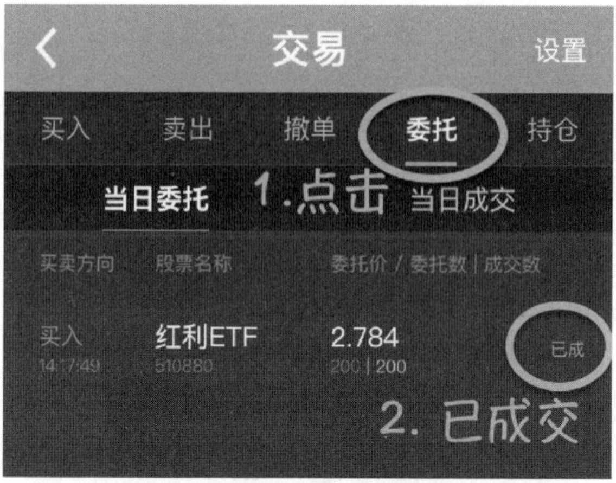


**图 13.6　买入红利 ETF 步骤六**

卖出基金的步骤与买入类似，不过选择的是“卖出”这一项进行操作。

（2）场外渠道的定投步骤详解。

场外渠道有很多，投资者可以在银行申购，也可以在基金公司的网站上申购。最近几年随着智能手机的兴起，支付宝、微信、雪球等网络平台也逐渐完善了。现阶段最方便、费用最低的渠道，还是这些网络基金销售平台。在螺丝钉的微信公众号“银行螺丝钉”回复“场外基金”可以查看具体介绍。

场外基金并不是即时交易，所以在时间上是允许我们随时提交交易申请的。但是，不同的提交时间，成交的时间和价格都会有所差异。国内股市的收盘时间是交易日的 15 点，基金的净值一般在当天 15 点之后更新。在交易日当天 15 点之前申购，是按照当天收盘后基金的净值来申购，如果在当天 15 点之后进行申购，则是按照下一个交易日收盘后的基金净值来申购。需要注意的是，如果在节假日的时候进行申购，如周五 16 点申购或者周六周日申购，都是按照下一个交易日的净值申购，这样我们的资金就白白闲置了两天，没有任何收益。如果遇到长假日，资金闲置的时间会更久。所以申购的时候，要尽量选择在交易日的 15 点之前。

场外基金的申购，可以通过银行柜台，也可以通过网络平台。一些大型的、知名度高的网络平台一般都不错。现在网络渠道申购场外基金已经非常方便了，可以很方便地在手机或者电脑上申购基金。

这里以螺丝钉经常使用的基金平台——蛋卷基金为例，配合投资中证红利这只指数基金来演示具体的交易操作步骤，其他网络平台的操作类似。

第一步，进入 App 后点击上方搜索框，查找想要申购的基金。

图 13.7　场外基金买入步骤一

第二步，在查询框中输入“100032”，点击“富国中证红利指数增强”。

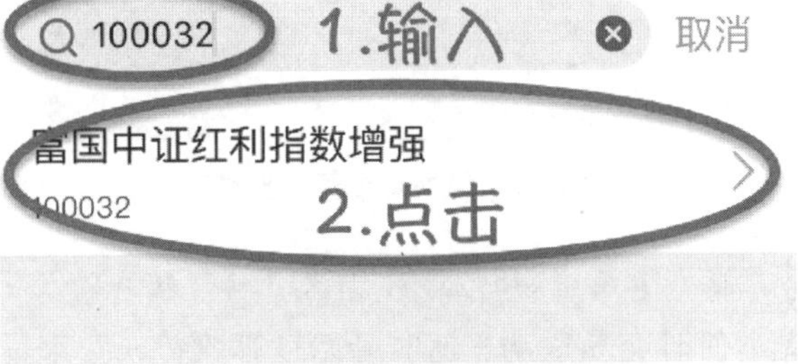


图 13.8　场外基金买入步骤二

第三步，进入基金页面后，点击右下角的“立即购买”。在“立即购买”的左边，还有一个“定投”，这是场外基金的自动定投功能，可以设置在固定的时间点由系统自动买入。

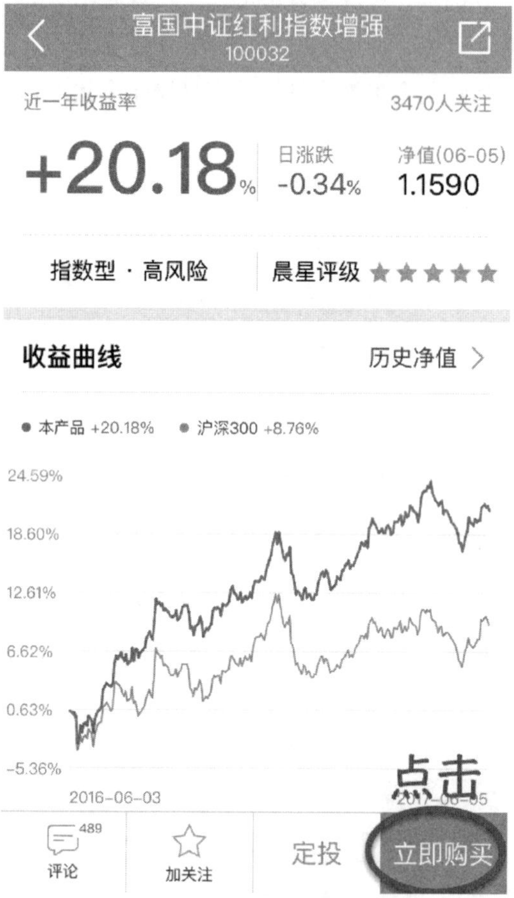


**图 13.9　场外基金买入步骤三**

第四步，输入准备申购的金额，比如 1 000 元。场外交易基金时一般会有提示何时交易成功、何时开始计算收益、费率是多少等信息，在操作时注意看一下。输入金额后，点击“确定买入”，就完成买入操作的全部步骤了。

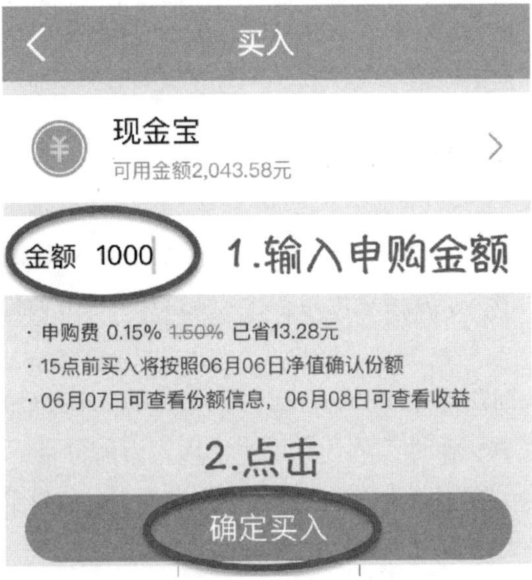


**图 13.10　场外基金买入步骤四**

场外基金的赎回操作也类似，不再赘述。

对于场外基金的申购赎回，有两点事项是需要注意的。一是尽量选择在交易日的 15 点前申购，以免造成资金闲置。二是申赎费率的问题。申购费是免不了的，但赎回费根据持有基金份额的时间长短而不同。一般持有基金份额不到一年的赎回费率是 0.5%，持有一年到两年的赎回费率是 0.2%~0.3%，持有两年以上则没有赎回费。本书中介绍的定投指数基金的方式，一般会持有三年以上，所以赎回费基本上会省掉。

我们可以看到，场外的申购赎回在操作步骤上比较简单，新手容易掌握，但交易时间慢，不是即时交易。场内交易在操作界面上复杂一些，步骤稍多一些，但交易速度快，当时就能看到交易结果。场内渠道无法自动定投，需要手动定期买入来实现定投，而场外渠道有自动定投和手动买入两种方式，不过结合上一章介绍的“在低估的时候定投指数基金”，大多数时候我们也需要通过手动买入来实现这种投资理念。虽然手动定投麻烦一些，但能取得更好的效果。

## 已经有一笔资金，要分批投入吗

> 手里有一笔钱，例如有 50 万元，是一次性买入便宜的指数基金，还是分批投入，或者是继续等待未来出现更便宜的价格呢？

其实这个问题背后的回答，反映了你对市场未来走势的一个预判。

如果你愿意一次性买入，这说明你认为当前价格就是处于最底部，未来不会大幅下跌了。毕竟谁都想买在低点，如果未来还会继续下跌，没有人愿意现在就全部投进去的。

如果你想分批投入，例如分成 10 份，每个月固定买一份，这说明你持有的是被动投资的理念。“我也不知道未来是涨是跌，但只要还处于低估值，我就可以分批投入，最后的平均成本也一定是处于低估值的。”这样不会买在最低点，但也绝对不会买高。

如果你想持有现金，等待更便宜的价格出现，这说明你认为未来市场还会下跌。因为如果认为未来股价很快会涨上去，你不会现在持有现金的。这也是一种主观判断。

上面三种策略，只有分批投入是没有主观判断的。一次性投入和持币观望，都是对未来市场走势做出了主观判断。

如果主观判断正确，能赚到更多的钱；但如果判断错误，则有可能遭受损失。例如，持有现金等更低的价格，如果之后上涨了，就有可能踏空。

我们能大致判断出指数基金是便宜还是贵，但短期的涨跌是很难判断的。并不是说贵了短期就一定会跌，便宜了短期就一定会涨。

很少有人能长期准确地判断市场走势。我们定投的主要目的就是避免主观判断出错。分批投入至少可以获得一个平均价。只要每次买入都在低估值区域，最后的平均价也一定在低估值区域。能做到这一点，收益其实就已经有保障了。

这就是我们定投的意义：承认自己无法判断市场的走势，避免主观判断，用分批投入的方式来降低风险。

如果不是用新增的收入来定投，而是自己原本就有一笔资金，那该如何配置进去呢？

也可以用分批投入、越跌越买的方法。通常是把资金分成 20 份，进入低估区域后，投入 1 份，也就是 5%。这里的 5%，有点类似前面介绍定期不定额定投时的初始定投金额，之后每个月投入一份，如果市场下跌了，可以提高投入的比例和金额。用这种方式，可以在 10～20 个月里，把一笔资金分批配置成低估指数基金。

为什么是 20 个月呢？

这是一个经验数字，指数基金在熊市进入低估区域的时间长度平均为 1～2 年，历史最长也不过 3 年。但对一只指数基金来说，熊市低估的持续时间一般是 1～2 年。20 个月是比较适中的一个时间长度，方便在熊市的资金配置，也不会让资金闲置太长时间。

投资者也不用担心，资金投入完成之后没钱定投怎么办。因为每一笔资金都是买入低估的指数基金，所以全部资金也都是买入低估的指数基金，整体买得仍然很便宜，长期收益就会有保障。

用这种方式，一笔资金也可以完成在熊市低估买入。

## 日定投、周定投和月定投，哪种频率更好

日定投、周定投、月定投，哪种最好？分别适用于哪些不同的情况？

经常有朋友问我定投频率的问题，是按周定投好，还是按月定

投好。

定投的概念许多人都明白，就是定期投资，不过定投的频率就有多种形式了，有人按日、有人按周、有人按月，还有人随心所欲。

按日过于频繁，一般按周或者按月就好。假设每个月定投的资金量差不多，那这两种哪种更合适呢？

回测一下按周定投和按月定投的收益差距。一般定投时间越短，按周和按月收益差距就会越大。因为定投的时候如果赶上大跌或者大涨，就会对定投成本价产生很大影响。定投时间越短，造成的影响就会越大一些。但是定投时间越长，两者差距就会越小，定投达到5~7年时两者差距不到1%，几乎可以忽略。所以从收益角度，定投频率影响不大。

不过从心理角度，这两种定投方式还是不一样的。按月定投比较适合大多数人，每个月发工资后买入，之后不用太操心，这种定投方式比较省心省力。不过有的投资者对下跌比较敏感，看到下跌就想多加仓，很难等待一个月之后再定投，这种投资者最好就按周定投。这样即使性子比较急，等一周的时间也应该没问题。

怎么知道自己是不是急性子呢？

其实判断方法也很简单：定投之后，如果看到下跌就买入，导致把下一次定投的资金提前投完了，最好就提高定投频率，按周定投，如果投完之后心安理得，就可以按月定投。

不建议根据自己的感觉来确定买入基金的时间。主观的感觉很容易受到市场波动的影响，遇到大跌或者大涨的时候，很容易就不敢买或者提前买的比较多，这样效果反而不好。而且从心理学的角度，人们对于同样数量的损失和盈利的感受是不一样的，损失带来的痛苦是盈利带来的喜悦的两倍至两倍半。换句话说，从情感上，赚200元得到的喜悦才抵得上亏损100元带来的痛苦。有这种影响在，主观的判断很容易不知不觉受到影响。所以最好是定期投资，而不是凭感觉来决定买入时机。

## 定投一定能够降低成本吗

钉大，之前您不是说下跌时，加大投资额就会降低成本吗？那至少要提高多少投资额呢？为什么我每次加大投资额都没发现成本下降呢？

如果出现这种情况，我们就要学习一个新的概念了：钝化效应。

定投有一个“钝化效应”。比如说，我们每个月定投 1 000 元，坚持定投 40 个月后，会投入 40 000 元的资金，也持有四万多元的指数基金。这个时候，如果我们再每月定投 1 000 元，就会发现，增加的资金对原本持有的指数基金影响不大了。因为 1 000 元对于四五万元的指数基金来说，占比太小了，影响也就很小。这就是钝化效应。

那么，钝化效应会发生在什么时候呢？

通常来说，如果你定投的资金额在你现在持有的指数基金总市值的 5% 以下，那就接近钝化效应了。换句话说，如果每个月定投同样的钱，那么通常定投超过 20 个月之后，钝化效应就开始出现了。时间越长，钝化效应就越明显。

相反地，如果你这次定投的资金额在持有的指数基金总市值的 5% 以上，那么对指数基金的成本还是会有比较大的影响的，这种情况下钝化效应不明显。

钝化效应对我们的投资会产生什么影响呢？

比如说，每个月定投 1 000 元，定投了 40 个月，持有了四五万元的指数基金。这个时候，如果遇到大跌，如果我们投资的还是 1 000 元，那么对于想要“降低持有成本”的效果就会差一些，因为 1 000 元对四五万元的指数基金影响太小了。

不过，钝化效应对收益率的影响不大。它主要是让我们持有指数基金时的波动增加。原本没有钝化效应时，定投可以降低波动，但是钝化效应出现之后，定投降低波动这个效果就减弱了。

为了降低钝化效应，我们就需要改变定投的金额。这也就是“定期不定额定投”方法的原理。

现实生活中，我们可以直接采取一种非常简单、不需要复杂计算的方式，那就是：固定拿出工资的一定比例来定投。这样做能够在一定程度上缓解钝化效应。因为工资通常是会随着时间长期上涨的，所以定投的金额也会随着工资的增长而不断增加。

另外，当我们遇到指数基金下跌时，还可以采取“越便宜，定投买入越多”的方式来缓解钝化效应。这种方式需要我们根据指数基金当前的估值，来计算这期应该定投的金额。具体的计算公式参照本书第 10 章的内容。

另外，每次当指数基金进入高估区域的时候，我们会分批卖出，得到的资金再分批投入当时其他低估指数基金，这样就盘活了存量，钝化效应就消失了。

## 定投多久，才能开始赢利

我们定投指数基金，是不是需要很久才能赚到钱呢？大概定投多久能开始赢利呢？

这个问题是很多朋友非常关心的问题。

过去 4 年，基本上每年都有低估的品种出现。我们在 2014、2015、2016、2017 年，每年定投的收益都不错。这 4 年里，基本上从定投低估品种开始到赢利，都不到 1 年时间。最长的话，是需要定投两年多开始赢利。也就是 2012—2014 年，A 股史上最大的一次熊市，这次熊市要定投两年多才开始赢利，但大多数都不需要这么长时间。

如果是这两年开始定投的朋友，账面上可能会有 10%~15% 的浮亏（截至 2019 年 5 月 31 日）。不过，如果是在 2016 年定投低估品种，到目前还是正收益的，例如 H 股、恒生指数基金，更不用说在 2014 年熊市投入的品种。

假如说 A 股保持 2 600 ~ 2 700 点不变，不涨不跌，我们大概定投多久开始赢利呢？

以中证红利指数为例，它的盈利增速还可以，长期来看仍然能保持 10% 的增速。

- 2019 年：市盈率达到 7.4 倍，股息率为 4.4%。
- 2020 年：市盈率达到 6.7 倍，股息率为 5%，这已经接近中证红利指数历史最低估值了。
- 2021 年：市盈率达到 6.1 倍，股息率为 5.3%。
- 2022 年：市盈率达到 5.5 倍，股息率为 6%。
- 2023 年：市盈率达到 5 倍，股息率为 6.4%。

可以看到，假如 A 股保持 2 600 ~ 2 700 点不变，那么未来两年，从中证红利指数上，单单是分红收益的积累，就接近 10% 了，而且还会越来越高。

定投有摊低成本、减少浮亏的效果。大部分 2019 年定投的朋友，坚持定投下来，浮亏会在 10% ~ 15%。继续定投，浮亏还会进一步减少。

也就是说，在低估区域定投两年，假设股价不涨不跌，我们单靠"定投 + 分红收益"也可以弥补大部分亏损。

其他的低估品种也是类似的原理。很多品种目前的估值也处于自身估值的最低区域。未来指数背后公司的盈利上涨，也会推动指数上涨。

股价不可能一直保持不变。只要股价稍有上涨，我们的定投开始赢利是很容易的。

所以坚持定投，大概率在未来 1 ~ 3 年开始赢利。通常 1 年多就开始赢利。

因为指数基金的波动有一定范围，但指数基金背后公司的盈利是长期增长的。

其实这些道理，大部分朋友也都明白，真正难的是坚持定投。

就像锻炼，刚开始的那段时间，浑身肌肉酸痛，痛不欲生，但是只要咬牙坚持渡过了这段时间，之后就轻松了。

定投也是如此。开始经历熊市的时候，是比较难受的。只要坚持完一轮牛熊市，之后的长期投资就没有太大的障碍了。从知识，到经验，再到心理素质，就真正成熟了。

耐心，是投资者最好的美德。

## 看点数来买基金，靠谱吗

*指数的点数有什么用？为什么一个指数在同样点数的情况下，有的时候适合投资，有的时候却不适合投资呢？*

螺丝钉有个爱好是看旧书，以前看过一些十几年前的基金类书，其中有一个策略说："在上证指数 1 500 点以下买基金，到了 2 500 点就卖掉。"

像这样看点数来买基金的策略会有效吗？

我们都知道指数是有点数的，例如上证综指接近 2 800 点，恒生指数接近 28 000 点等。

这个点数代表什么呢？

我们可以简单地理解为：点数就是指数中所包括的成份股的平均价格。如果指数包括的成份股的股价平均上涨了 1%，那么指数的点数也会随着上涨 1%。一般每个指数都会有一个起始点数。比如上证综指和恒生指数，都是从 100 点开始的。

为什么是 100 呢?

这是人为指定的。指数公司会统计一下指数开始的那一天，股市上所有股票的总股价，并把这个总股价设置为 100。当然了，也有的指数是从 1 000 开始的。

之后，如果整个股市上涨 1%，指数的点数也会上涨 1%；如果整个股市下跌 1%，指数的点数也会下跌 1%。

从这个角度，我们就可以更方便地理解指数点数的意义了。

例如，恒生指数从 20 世纪 60 年代的 100 点涨到了今天的约 27 500点，上涨了 270 多倍。上证综指，从 1991 年的 100 点涨到了今天的约 2 800 点，不考虑分红收益也上涨了 28 倍。

未来，上证综指也会像恒生指数一样，从上涨 28 倍到上涨 280 倍，但还是需要时间的。A 股的历史还比较短。

为什么指数的点数会长期上涨呢?

点数可以看作指数中包含股票的平均股价，那我们可以把它分解一下:

$$股价 = （股价/每股盈利） \times 每股盈利 = 市盈率 \times 每股盈利$$

这就是市盈率的定义了:

$$市盈率 = 股价/每股盈利$$

市盈率是最常使用的一个估值指标。

只要公司的盈利是正常的，我们就可以计算它的市盈率。

指数包括了一篮子的股票，所以指数从整体上来看也是有一个总盈利的。我们用指数成份股的总股价除以总的盈利，就能得到指数的市盈率。市盈率的变化是有范围的。

我们可以看一下，在过去几十年的历史中，恒生指数的市盈率变化，如图 13. 11 所示。

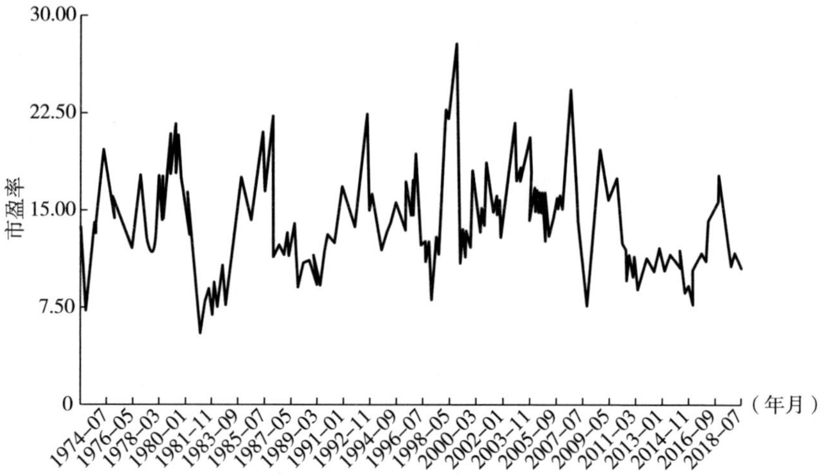


**图 13.11　恒生指数的市盈率变化**

恒生指数的市盈率最低到过 5 倍左右，最高到过 28 倍左右，估值是有极限的。其他时间里，恒生指数的市盈率主要集中在 10～20 倍左右。

其实，恒生指数从创立之初到现在，市盈率甚至变小了，从 30 多倍到了 10 倍左右。

那么，问题来了，市盈率变小了，为何点数还能上涨 280 倍呢？

最主要的原因，就是盈利的增长。恒生指数背后公司的整体盈利是长期上涨的。

科技的进步、管理效率的提升、生产力和生产效率的不断进步，都使企业整体的盈利上涨。虽然在短期某几年内可能会遇到一些经济危机，如亚洲金融危机、美国次贷危机等，但是总体来看，企业的整体盈利长期是在不断向前进步的。

正是盈利的长期上涨使指数的点数能够长期上涨。

虽然指数长期是上涨的，但是在短期内还是会暴涨暴跌的，这种暴涨暴跌主要是受到了估值的影响。

像 2015 年年初至 2015 年 6 月这段时间，A 股指数的盈利并没有大幅上涨，但是指数的点数大幅上涨了。这就是因为大量投资者都看好股市，大量的资金涌入导致估值提升。

如果投资者在估值高点买入，那么之后遭遇大幅下跌就在所难免了。

最惨的情况就是像 20 世纪 80 年代末的日本股市：整体估值特别高，同时实体经济也有泡沫。一旦泡沫破裂之后，指数的整体盈利下降，估值也从高点下降，指数遭遇双重打击。这种情况下，指数就很难在短期内恢复了。所以日本指数当年创下接近 4 万点的高峰，结果快 30 年过去了，还只有两万点左右。

所以，“买指数就是买国运”这句话非常有道理，国家经济的长期发展是指数盈利不断上升的保障。

投资指数基金，首先，要对这个指数背后的国家有信心，其次，为了避免长达七八年甚至十几年的浮亏，我们要在指数低估的时候分批买入。这样，既可以享受指数长期盈利的上涨，又避免了短期的大幅下跌。

看点数来买基金的策略，是一个“刻舟求剑”型的策略。

港股恒生指数，以前也曾经在一两千点徘徊，但是随着长期上涨，今天已经到两万多点。所以，看点数来投资的策略就失效了。

A 股的整体盈利，长期来看是不断上涨的。A 股指数，从 1991 年的 100 点涨到现在的 2 700 点，以后还会逐渐提升的。每隔 10 年，这个点数都会跟之前有很大的不同。

看点数来投资，可能在短期内会有一定效果，但是长期来看，迟早会失效的。

## 有没有完美的“高抛低吸”投资方法

有没有更好的牛市卖出方法？是不是存在一种完美的卖出方法，能够让我们每次获得上涨的收益，还能够完美地避开之后的下跌呢？

我要给大家“泼一盆冷水”：不存在这样的方法。

我们先假设存在这样的方法，并且可以学习到。

国内偏股型混合基金的整体历史走势如图 13. 12 所示。

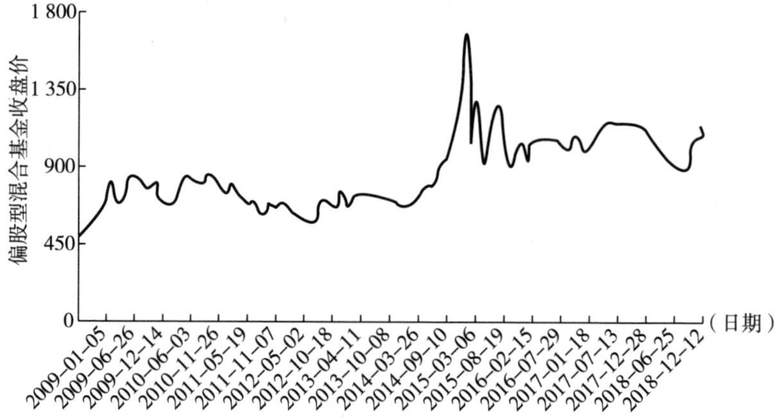


**图 13. 12　国内偏股型混合基金的整体走势**

偏股型混合基金是什么呢？

我们平时说的指数基金，是一种股票基金。指数基金不管什么时候，基本都会持有 90% 以上的股票仓位。混合基金则是股票和债券都有。像偏股型混合基金，主要是投资股票，不过它的股票仓位最低可以到 50% 。换句话说，如果混合基金的基金经理觉得股市有风险，可以主动把股票仓位降下来。目前国内有 500 多只偏股型混合基金。

如图 13. 12 所示，偏股型混合基金的最高点在 2015 年 6 月。股灾发生后，偏股型混合基金大幅下跌，到了 9 月下跌近 38% ，同期沪深 300 指数下跌了 30% 。这说明了什么呢？

混合基金都是主动型基金。

混合基金的基金经理的从业要求大多是“国外金融学硕士或者博士，有多年从业经历”，他们无论是在知识储备还是投资经验方面，都是所有投资者中万里挑一的（国内有 3 亿多投资者，而公募基金的基金经理人数只在万人级别，绝对的万里挑一）。

他们只要在牛市高位的时候，下调混合基金的股票仓位，从股票换到债券，就可以保住之前牛市的收益、避开之后的股灾。不仅基金净值收益好，自己也可以获得更高的业绩提成和奖金。但是很遗憾，从混合基金的整体表现上来看，这些混合基金几乎都没有减仓股票。换句话说，这些顶尖级的投资高手也没能精准地判断牛市拐点。

如果真的存在这么一种能精准判断牛市拐点又长期有效的方法，并且可以通过学习获得，那么这些基金经理绝对有动力、有条件去学习并实践的。不过从事实上来看，这样的方法并不存在。

股市的短期走势是无法预测的。

美股曾经有一个很著名的预测指标，叫作“超级碗指标”（Super Bowl Indicator）。美国人很喜欢看橄榄球比赛。曾经有人发现，如果美国国家橄榄球联合会（NFL）的队伍赢了，股市下一年会平均上涨 14%；如果美国橄榄球联合会（AFC）的队伍赢了，股市则会平均下跌 10%。

从 1967—1997 年，在这长达 30 年的时间里，有 28 年都是如此，很多人都对这个方法深信不疑，并赚到了很多钱。

但是从 1998 年开始，这个方法失效了。在之后的很长时间里，甚至跟之前的情况完全相反，这让很多通过比赛结果预测股市的投资者损失惨重。

之所以会出现这样的情况，是因为股市的短期走势无法预测。在漫长的历史上，总会有一段时间的股市走势恰好跟某个指标非常匹配，好像这个指标可以预测短期走势，但当时间拉长了，这个指标就会失效。所以通过绘制历史趋势线来预判未来走势，可能一段时间内会成功，但长期来看必然会失效。

但是股市的长期走势是有迹可循的，原因在于股市的复利效应。

股票资产是有复利的。公司每年会把盈利的一部分再投入生产，以便来年产生更多的盈利，也会将盈利的一部分以现金分红的形式发放给股东。这都会推动股市整体上涨。所以我们看到，股市指数整体是上涨的。美股百年里上涨了200多倍，港股53年里上涨了600倍，A股从1991年至今也上涨了30倍。

估值低并不意味着短期会上涨，但是估值越低，3～5年以上的收益就会越高。这个理论得到了许多投资大师的印证。

（1）格雷厄姆等人的研究表明，在低市盈率的时候投资，能带来更好的收益。

（2）1991年美国基金经理迈克尔·奥希金斯提出的“狗股理论”表明，股息率越高，长期收益率越高。

（3）1992年，尤金·法玛等人的研究表明，低市净率也能获得高收益。

这些大师的投资结论，无一例外都是建立在几年甚至十几年以上的时间跨度上的。低估值投资也是一个长期坚持才能体现出效果的策略，并不是短期里的预测指标。

总结一下，股市短期走势无法预测，但直到今天仍然有很多投资者不相信这一点，试图寻找完美的“高抛低吸”的短线技巧。不过股市的长期走势有迹可循，特别是3～5年或5年以上的收益，跟估值有很强的相关性。买入估值越低，长期收益越高。

## 定投低估的指数基金，最大浮亏是多少

钉大，按照你的基本思路执行定投，就是每月定额买低估值的品种。期间出现极端熊市，比如2012、2013年，账面可能会浮亏多少？有没有一个大概的测算呢？

我们在投资低估指数基金的时候，要明白的一点：低估并不代表不再下跌。而是，当前处于低估的指数基金，具有很不错的投资价值。因为低估和高估都是一个区域。既然是一个区域，那在这个区域

里就会有上涨和下跌。

很多朋友在投资的时候，容易犯的一个错误是：总想着能够买在最低点、卖在最高点。

比如，螺丝钉经常会被问道：“既然当前下跌了这么多，那前段时间先不投，等到现在再开始投资不是更好吗？我之前都买贵了。”“如果指数进入高估之后我们就开始卖了，比如 4 000 点就开始卖，那后面继续上涨到 5 000 点、6 000 点，我们岂不是得不到最高的收益吗？”

其实，如果总想买在更低点，那我们可能等到的投资机会就比较少，无法积累足够多的份额。没有足够的份额，即使将来收益率再高，也无法解决我们的实际问题。

而如果总想卖在最高点，那我们可能需要承担更大的风险。

因为最高点之后，紧接着可能就是大幅的下跌。我们可能为了多赚 10% 要承担之后“腰斩”的风险。“君子不立危墙之下”，没必要赚最后一块硬币。

那么，低估的指数基金的最大跌幅是多少呢？

其实不同类型的投资品种，在熊市低估区域，波动范围会有区别。

如果是包含多种行业的宽基指数，在熊市低估区域，跌幅通常为 20% ~ 30% 。如果是单个行业，波动会更大一些，跌幅为 30% ~ 50% 。如果是单只股票，波动会更大，跌幅甚至超过 50% 。

我们以 2018 年的熊市为例。2018 年，是 A 股历史上的第二大熊市，沪深 300 指数跌幅大约为 25% ，代表了主流指数的平均跌幅。

不过虽然指数下跌 25% ，但如果定投的话，在微笑曲线的作用下，浮亏会大大减少。通常只有 1/3 ~ 1/2 的浮亏，也就是浮亏在 10% ~ 15% 。

这就是定投宽基指数，在大熊市的浮亏情况。

我们通常不会一次性投入，而是配合分批定投的策略，通过定投的方式，在浮亏的时候摊低成本。

如果是用定期不定额的定投方法，也就是越低估买入越多，浮亏也会更小一些。

其他品种也是同样的道理。

所以，如果坚持定投低估品种，大部分品种在大熊市浮亏会在10%~15%。继续定投，浮亏还会继续减少。

定投可以摊低成本，让我们的浮亏减少（例如品种本身下跌20%，定投可以让浮亏减小到12%左右），之后不需要涨回到原来的位置，我们的盈利也会不错。这就是定投的“微笑曲线”。

我们要做的是在低估浮亏的时候尽量坚持定投，积累更多的股份。